二松まゆみ

モンスターワイフ

幸せなふりはもうしない

講談社+α《プラスアルファ》新書

まえがき

時代は変わったとはいえ、結婚は今でも多くの女性たちにとって夢です。そして女性たちはやがて、夢にまで見たウエディングドレスに身を包む日を迎えます。両親の涙、参列した女友達の祝福、お色直し、背の高い豪華なケーキ、新婦の隣で照れている素敵なダーリン……。すべてがすべて夢に見たとおりとはいかなくても、結婚式では何もかもがキラキラとバラ色に輝いて見えます。そんな幸せの絶頂の中で、妻たちは幸せで明るい夫婦生活に胸をときめかせます。

けれども、多くの場合、夢はすぐに覚めます。一つ屋根の下に夫がいるということと、やることが増えたこと以外、それまでとほとんど変わらない平凡で退屈な日常生活の中に引き戻されている自分に気がつきます。そして、理想の結婚生活からどんどん離れていく現実に戸惑う。えっ、なんで？　どうしてこうなるの？　何がいけないの？

夢から覚めたシンデレラを待ちうけるのは、さまざまな色や形をした毒りんごです。

私が運営する、恋人・夫婦仲相談所には、日本全国の妻たちから多種多様な悩み相談が届きますが、夫の浮気（キャバクラや風俗も含む）、セックスレス、ＥＤが、トップ３です。

幸福感とは主観的でパーソナルな感覚ですから、何に幸せを感じるかは人それぞれ。けれども、今、幸せを感じられない妻たちにたしかに共通するのは、〝愛が足りない〟という不安です。いつの間にか、夫からの以前のような愛がなくなったような気がする。あんなに満タンだった愛が今はガス欠。もっと愛されたい。心の通う温もりを感じたい。でも、何をやっても心はすれ違うばかり……。愛の不足を自分ではどうすることもできなくなった妻たちのSOSが、悪化した寝室事情に関する悩みとして現出しているのです。

当相談所は、「セックスのことばかり考えている妻たち」ばかりが集まる特殊な場所ではありません。当相談所に集《つど》う妻たちは、氷山の一角にすぎないのです。セックスという言葉を口に出すことはおろか、文字にすることもできず、悩みを誰にも相談できないまま、一人孤立して追い詰められている妻たちがいかに多いことか。本書の最大の目的は、今まさに夫婦の危機に直面している、このサイレントマジョリティ（物言わぬ多数派）に、救いの手を差し延べることにあります。

何の自慢にもなりませんが、私自身、1度目の結婚で大失敗を経験しています。その苦い経験が、当相談所を開設した動機の一つです。当相談所を通じて、私自身も結婚や夫婦についてさまざまなことを学びました。似たような境遇の妻たちと腹を割って話をすることで、私自身が勇気づけられたことも何度もありました。元々は普通の専業主婦で、しかも一度結婚生活に失敗している私が、妻たちの深刻な相談に、悪戦苦闘しながら答えていく作業の連続は、振り返ってみれば、私を離婚の挫折から立ち直らせてくれる大きな力になりました。

さて、本書を手に取られたあなたに、最初にお断りしておきたいことがあります。それは、妻たちの味方を自負する私ですが、本書に限っては、優しい先生に甘んじるつもりなどないということです。ビシビシいきます。一対一で面と向かっては言い難いことも、本を間に挟んだ関係であることをこれ幸いに、バンバン本音を言わせていただきます。私がそうする理由は、妻が幸せになれないのは誰のせいでもなく、妻自身にあるということに切実に、痛烈に気づいて欲しいからです。夫の愛に物足りなさを感じるのは、妻が夫に愛情を注いでいないからです。夫に抱いてもらえないのは、夫が抱きたくなる妻ではないからです。幸せになれないのは、幸せについて真剣に考えていないからです。夫婦の危機を招いたのは、妻の「力不足」が原因なのです。この本質をハッキリと本気で自覚してもらうためには、キレイゴトを並べた生ぬるい言葉遊びをしている暇などありません。

当相談所には、この「力不足」に気がついていない妻たちがたくさん来ます。幸せを感じられない妻たちは何をするか？　責任のすべてを夫に押しつけるのです。夫婦は妻と夫の二人で一つです。良くも悪くも、今の関係は二人で築き上げてきた結果だという客観的事実から目を逸《そ》らしてはいけません。責任は二人にあるのです。半分半分ではないにしても、少なからず不幸な結果を招いた原因は妻にもある。このように言葉で説明すれば、ほとんどの人が、理解できることも、悩みやトラブルの渦中にいる妻たちには、責任の所在が見えなくなってしまうのです。いったん妻の頭の中で「被害者の私と加害者の夫」という関係性ができ上がってしまえば、まともな話し合いなど不可能です。

夫婦仲を改善するためには、妻が「私も悪かったかも」と、自分のダメな所に気づくことが絶対条件です。けれども、「夫が悪い」と決めつける妻たちは、「どうしたら夫を変えられますか？」と相談してくる。これが間違い。今を変えたいなら、妻が変わらなければならないのです。

妻が積極的に変わろうと努力するためには、まず、何より最初に、自分の短所や弱点を知らなければいけません。短所や弱点の中でも、とくに目を向けなければならないのは、〝イヤな女〟の部分です。本書では、妻たちがイヤな女の部分に気づく手掛かりとして、〝モンスターワイフ〟という概念を提唱しています。女性は誰もがイヤな女の要素を持っています。「あ、今の私って可愛くないな」とか「なんで、私ってこんなに猜疑《さいぎ》心《しん》が強いんだろう」とか「本当は、あんなにキツい言い方するつもりじゃなかったのに」といった覚えは誰でもあるはず。このイヤな女の要素は、夫婦仲がうまくいっているときは、影を潜めています。けれども、一旦夫婦仲に不穏な空気が流れると、ひょいと顔を出し、それは時間経過とともにパワーアップして、モンスター級のイヤな女に成長してしまうのです。女性の中のモンスター的要素がパワーアップして顕在化《けんざいか》した姿、それがモンスターワイフです。モンスターワイフにはさまざまなタイプがいますが、すべてに共通するのは、どのモンスターワイフも、夫の目には恐ろしく醜悪な存在にしか映らないということです。

なんとか夫婦仲を改善しようとがんばっている妻たちは口々に「一所懸命努力しているつもりなのに、ぜんぜんうまくいきません」と言います。たしかに彼女たちは精いっぱいがんばっているのかもしれません。けれども、すでにモンスターワイフと化している場合、妻の一所懸命は、夫の目にはモンスターが暴れているようにしか見えないのです。余計に怖いし、余計にウザい。「モンスターが待つ家に帰りたくないよー」。そう夫は思っているのです。

もしもあなたが、モンスターワイフならば、モンスターを退治しなければいけません。かろうじてモンスターワイフではないとしたら、今のうちにモンスターの卵を退治してしまわなければいけません。

妻たちの心に巣くうモンスター退治は容易ではありません。覚悟してください。そのかわり、毒にも薬にもならないキレイゴトなど、一行たりとも書かないことをお約束します。

二松《ふたまつ》まゆみ

2008年11月

◉目次

本文イラスト　小迎裕美子

第一章　夫はモンスターワイフを抱かない

モンスターワイフだった私

私が運営する「恋人・夫婦仲相談所」には、〝幸せではない結婚生活〟を憂い、途方にくれる妻たちから、日々悩みが寄せられます。彼女たちの相談の目的はもちろん夫婦仲の改善です。夫の浮気発覚によって、まさに大戦争真っ只中にいても、セックスレスが10年以上も続きもはや冷戦状態であっても、ほとんどの妻たちは「今でも夫が大好き」と口を揃えます。相談メールの中でまるで常套句《じょうとうく》のように頻出するのが、「新婚時代のラブラブ状態に戻りたい」というフレーズなのです。しかし夫への愛を告白する一方で、幸せを感じられない現実への怒りや憤りの矛先はすべて夫に向けられることになる。

「夫が3年も肌に触れてくれません」「夫が家事と育児を私に押しつけます。私は家政婦みたいです」「安月給のくせに休日は家でゴロゴロしていて目ざわりです」「夫が会社の若いOLと浮気しています」「夫の携帯に出会い系からメールが来ていました」

私は妻たちに、なぜ夫がそういう行動をとると思うのか問いかけます。肌に触れてくれないという妻には、「あなたは、抱き締めたくなる奥さんですか?」と。家事を手伝わないという妻には、「ダンナ様が何かしてくれたときに思いっきり喜びましたか?」と。実際私も、夫がイベントをしてくれたときに「あっそう」という顔しかできずに、あとで「寂しかった」と告白され、いたく反省しました。私が問いかけることで初めて、彼女たちは立ち止まって考えます。過去を振り返って「私にも原因があるかもしれない」と気持ちを切り替えます。それまで日々蓄積する夫への不満が慢性化して、自分のことは棚上げになっていたと。第三者の介入によって、感情の生き物である妻たちは、冷静さを取り戻し、いたらなかった自分を俯瞰できるようになるのです。

けれども実は、この程度の気づきなら、よほど激昂して自分を見失っている状態でもない限り、ほとんどの妻たちがセルフコントロールとして行っていることです。「まず自分を変えましょう」的な啓蒙は、女性誌のセックスレス特集でも、自己啓発本の類でも、必ず書いてあることで、賢い妻たちにとっては常識です。

しかし私は、「まず自分を変えましょう」という、ある意味きれいで耳ざわりのいい言葉が、まるでスーパーの大安売りのように垂れ流され、この言葉に込められた本質が形骸化・希薄化している現状が、妻たちの問題意識を麻痺させているのではないかと懸念するのです。

男性と比べて女性は、非常に優れた柔軟性と対応力を備えています。だから何か夫婦間で問題が発生したとき、妻たちはその問題に柔軟に「対応」しようとします。これ自体は悪いことではありません。問題なのは、その優れた「対応力」を「変化」と錯覚してしまうことです。自分は努力して変わろうとしているのだと。しかししょせん対応は、その場しのぎでしかない。

わかりやすい例をあげましょう。女性誌のセックスレス特集では、「キレイな妻になる」「セクシーな演出をする」という啓蒙が盛んに行われます。これを読んで自分が、セックスレスと思っている妻たちは、ボサボサ頭にスッピンでジャージ姿だった自分を反省します。家にいるときもちゃんと化粧をして、流行のファッションを研究し、男性が好みそうな可愛くセクシーな下着を身にまとい、これで準備万端と、夫の待つ寝室に登場します。こうした努力が実を結ぶケースも数多くあります。しかし残念ながら現実には、報われないケースが圧倒的に多いのです。夫に抱かれたい妻たちは「まず自分を変えましょう」という言葉を忠実に実践したつもりなのかもしれませんが、妻を抱かない夫側には、それくらいの工夫では抱く気にならない理由があるのです。その理由や原因をつきとめ、根絶・改善することが、「夫の望む妻の変化」なのです。それができない限りにおいては、妻たちが「私はこんなにがんばっているのに」と主張すればするほど、夫にとっては、そもそも抱きたくない妻が、前よりももっと疎《うと》ましく厄介で面倒くさい、ますます「イヤな女」にパワーアップしているとしか感じられないのです。

妻たちに求められているのは、小手先の対応ではなく、本質的な「変化」です。

夫が若い女性と浮気するのはなぜか？ あれほど情熱的だった夫が、キスさえしてくれなくなったのはなぜか？ 大好きな夫と顔を合わせるたびに喧嘩になってしまうのはなぜか？ 二人の間から笑顔が消えたのはなぜか？ 幸せになるはずの結婚生活で幸せを感じられないのはなぜか？

それは、あなたがモンスターワイフだからです。

相談所には、毎月1000通以上の相談メールが届きます。先述したとおり、内容は夫を責める言葉で埋め尽くされています。たしかに彼女たちの夫は、妻から責められても仕方のないダメ夫ばかりです。100点の夫を望むのは無理としても、世の夫たちがもう少しでいいから、女性が考える常識の範囲内で行動してくれたら、妻たちの苦悩もずいぶんと減るだろうに、と心から思います。1度目の結婚で痛い目に遭っている私は、当初、妻たちの恨み節を、「わかる、わかる。私も大変だったよ」と一つ一つ共感しながら読んでいました。しかし、やがて私の中で、別の感覚も生まれてきました。嫉妬、優柔不断、猜疑心、エゴイズム、怠惰《たいだ》、無責任、無自覚、無知、未熟、粘着質、怨念……。文面や行間にどす黒く立ちこめる女性特有のネガティブな感情の集合体に、私は恐怖を感じたのです。なぜなら、彼女たちがネットや携帯メールという顔の見えないツールで第三者にさらす「醜さ」こそ、結婚生活が完全に破綻し、性格や人格までも破綻寸前だった、かつての私そのものだったからです。そのとき私は、はっきりと自覚することができました。あのときの私は、人間の姿かたちをした妖怪でしかなかったと。

そうなのです、私も以前はモンスターワイフだったのです。

今から約20年前、日本がバブル景気に沸いている真っ只中に、私は1度目の結婚をしました。3高の男性を射とめることがバブル期の女性のマリッジドリームでした。そのドリームを実現すべく、3高のエリート男性と結婚したのです。優しくて情熱的で笑顔が素敵な有望男を獲得した喜びは、羨望《せんぼう》と嫉妬の入り交じった周囲の視線が体を射る心地よい優越感でさらに増幅されました。当時の言葉を使えば、私はルンルン気分でした。世界一幸せな花嫁とは言わないまでも、これで私の幸せは保証されたと信じて疑いませんでした。しかし、出産を挟んで天国は地獄に変わります。仕事第一の夫は、「子どものことはキミに任せたから」と言ったきり、家庭を顧《かえり》みなくなりました。

私が当時悩んでいた2大問題は、夫が仕事のためほとんど家に帰宅しなくなったことと、生活費が足りなかったことです。大都会の真ん中での子育て。親も遠方に住み、まわりに友達もいない。頼れる人は夫だけでしたが、夫はほとんど帰ってきませんでした。あの頃は仕事が激務と思っていましたが、実際なぜ家に寄りつかなかったのかがあとになってやっとわかりました。初めての育児に振り回される私は、夫を顧みる余裕もなく、「家に帰って！

育児を手伝って！　生活費をもっと入れて！」とギャーギャー叫んでいました。叫ぶ私を見て赤ん坊も泣き叫ぶ。つねに頭の中も身体の中も負の感情が嵐のように吹き荒れていました。「金くれ、金くれ、金くれ……」、夫をたまに見るたびにお金をせびりました。やがて会話も笑顔も二人から消滅していきました。

夫は、離婚の段になって、「オレは結婚に向いていなかった」と私に言いました。たしかに彼は悪夫だったかもしれません。けれども、では私は良妻だったのか？　そのときは育児と生活に追われて、自分のことを分析する余裕などとてもありませんでしたが、当時の自分を振り返って今はっきり言えることは、私は「人間らしい優しい気持ち」を、完全に失《な》くしていたということです。

私は自分のことしか考えていなかった。激務で、たまにしか家に帰ってこれない夫に、労《ねぎら》いの言葉一つもかけてあげた記憶がありません。当時の私は、「なぜ彼は結婚前のように私に優しく笑いかけてくれないんだろう」と思っていましたが、考えてみれば、私こそ夫の前で笑顔を見せていませんでした。妻として夫を支えてあげようという気持ちもなかった。私は、ただただ自分にとって足りないものを夫に求めていただけで、私は何も夫に与えていなかった。夫は何を私に求めていたのか？　それもわかりません。なぜなら、私たち夫婦にはとっくに会話などなくなっていたからです。私はつねに腹を立て、つねに不機嫌で、つねにイラついていて、私をそうさせた相手と会話をしようとも思わなかった。

モンスターワイフにはさまざまな種類があり、さまざまなタイミング、さまざまな状況で出現して、妻たちの人間らしい心を乗っ取ります。誰だって、自分の欠点や弱点、いたらなさや醜悪な一面を認めるのはイヤだし、とてもしんどい作業です。しかし、すべての出発点は「気づき」です。自分を知り、自分のイヤな部分と正面から対決しようとしなければ、本当に「自分を変える」ことなどできないのです。

私は、ただありのままの自分をここに記しました。まず、自分がモンスターワイフだったことをさらけ出したかったのは、そのことを抜きにして、夫婦仲相談に答えることなどできないと思うからです。

オバチャン化より怖いモンスター化

若く美しい新妻たちも、やがて年をとります。どんなに努力しても、シワの数が増えていくし、胸やお尻のお肉が重力に負けて体型が崩れていきます。それは自然の摂理であり、仕方のないことです。しかし、新妻が20年後に、夫から見向きもされないオバチャンになるか、20年連れ添った夫さえも思わず生唾を飲み込んでしまうような、若い娘には出せない妖艶さと品性を備えた美しい妻であり続けるかは、本人の心掛けと気持ち次第です。

オバチャンになるのはとても簡単です。放っておけばいいだけです。カップラーメンにお湯を注いで3分何もしないで待つように、妻という座に胡坐《あぐら》をかいて、日常生活のぬるま湯に浸かっていれば、20年待たなくともオバチャンになります。

オバチャンにならないための最大の方策は、女を捨てないことです。そのためには、夫から「抱きたい」と思わせる女性であり続けることが必要となります。裏を返せば、その努力が、品と妖艶を育むプロセスに他なりません。

さて、妻のオバチャン化は、体重の増加と無縁ではありません。モンスターワイフなどという造語をつくっておいて、今さら歯に衣を着せても仕方がないのでズバッと言いますが、夫に抱かれない妻たちの体型は、総じて太めです。太っていること自体が、ダメというのではありません。最近はポッチャリ体型の女性タレントも人気ですし、そもそも体型は親の遺伝子によって8割方決定されると聞きます。私が言いたいのは、同じ太めでも2種類あるということです。活字で書けば、「コロコロと可愛く太った」タイプと、「ブクブクと醜く太った」タイプです。

可愛いと醜いの差はどこにあるのか？　最大の特徴は表情です。可愛いタイプは、いつも笑顔で元気いっぱいで幸せそうです。一方、醜いタイプは、卑屈で陰気で顔に不幸せと書いてあります。では、その違いは何によって決定されているのか？　それこそが、女性の深層心理に眠るモンスターの仕業なのです。

妻がいつまでも美しく、夫から愛され続ける幸せな妻になるための秘訣は、明るさや、笑顔や、元気といった人間の活力の源となるプラスの感情を失わないことにあります。楽しいときだけではなく、苦しいときに、夫を笑顔で支えられるかが肝要なのです。

私があえて「太め」という肉体的因子を例に出したのは、妻のモンスター化とは、外見的なことではなく、内面的性格的因子によって表出されることを、最初に強調しておきたかったからです。

そもそも、一般的な意味でのモンスターや妖怪やお化けの類は、人間の邪悪な心を具現化した想像上の怪物です。

悩める妻たちからの相談に答えるとき、私は妻たちの「気づき」を促すために、わざと次のような言葉を投げかけます。

「あなたは般若のような怖い顔で、ダンナ様を責めていませんか？」と。

気持ちや精神状態は、顔に如実に現れます。夫たちは、感情の生き物と言われる女性の、ネガティブな感情が文字どおり具現化されたその怖い顔に、怯え、戸惑い、萎縮し、ときに自分の身を守るために反撃してくるのです。

当たり前のことですが、夫婦仲が悪くなるのは、どちらか一方だけの責任ではありません。妻にも夫にも、言い分があります。私もそうでした。今社会問題化しているモンスターペアレントは、学校や教師に「理不尽な要求」を突きつける親たちのことです。その理不尽さは、一般常識を持つ者から見れば明らかです。夫婦問題が難しいのは、妻たちは、夫に「当然の要求」をしていると考えていることです。だから間違いに気づきにくい。ここで言う「間違い」とは、夫に対する要求自体の正否ではありません。私が妻たちに問いかけるのは、夫への「伝え方」です。夫の気持ちや状況など、相手の立場に立ってまず考えてみるという作業が果たしてできているのかどうか？　話し合う前からあからさまに不機嫌な表情や態度をとってはいないか？

夫の心ない言動や裏切りによって、モンスター化していく妻たちを私はイヤというほど見てきました。彼女たちは、自分に腹を立て、その怒りの矛先を夫に向けながらも、「夫を愛している」「夫に抱かれたい」と言います。モンスターワイフも、モンスターの皮を一枚一枚剝いでいけば、中から「可愛い乙女」が出てくるのです。そこに私は一筋の光明を見つけます。

かつての私がそうであったように、結婚や夫婦生活に幻滅している妻たちは、今、全国にどれほどいることでしょう。私は8年前、縁あって今の夫と結婚しました。もちろん愛し合って結婚したわけですが、1度目の失敗もあって、私は結婚生活というものに過度な期待はしていませんでした。しかし今の私は、結婚生活に向き合っています。以前とは別人です。モンスターワイフに逆戻りしないように、昔の自分を反面教師に努力していますが、それでもときどきうっかりしてモンスターがペロッと舌を出すときもある。当たり前ですが、100％ではありません。小さな衝突もあれば葛藤もある。けれど、今は、そういうことも結婚の醍醐味と考えられるようになってきました。

私はかつて日本最大級のママさんサークルの代表を務めていましたが、その時代も含めると、20年近く数多くの妻たちから話を聞き、観察し続けてきました。そして私自身の苦い経験も含め、今私が確信を持って言えることは、どれほど夫がダメ夫だとしても、不満を口にしているだけでは、絶対に夫婦仲は改善されないということです。ただ改善されないだけではありません。恐ろしいのは、不満を実際に口に出して相手にぶつけるという行為そのものが、妻の人間らしい心までも徐々に蝕み崩壊させ、爆発するネガティブな感情を自分自身で制御することができなくなってしまうことです。

後戻りできないモンスターワイフに変身する前に、自分のモンスター的要素に気づいてください。

浮気はモンスターから逃れるため

相談所開設以来、〝夫の浮気〟に悩む妻たちからの相談は後を絶ちません。同じ女性として夫の浮気は許されることではないと思います。けれども、これまで数多くの事例を見てきた私の率直な意見は、浮気される妻にも問題があるということです。

夫には2種類のタイプがあります。浮気する夫と、浮気しない夫です。けれども、では浮気しない夫に「浮気心」がないかと言えばそれは違います。するかしないかは別として、ほとんどの男性は少なからず浮気心を持っています。まるで病気のように何度も浮気を繰り返す重症夫や、「浮気は文化」などと歪んだ美学に基づく確信犯夫もたしかにいますが、多くは、行動に移すか移さないかのボーダーライン上で揺れているのです。ある意味非常に不安定な男性心理の均衡がどちらに転ぶか？　「酔って魔が差した」「若い女性から誘惑された」など、妻の関知しない要因もありますが、毎月1000件以上送られてくる相談メールに触れて感じることは、もしも妻がモンスター化していなければ、未遂で事なきを得たのではないかと思えるケースが非常に多いということです。

浮気された妻たちは、夫が新しい恋に走ったと考えます。けれども実際には、恋に走ったのではなく、〝モンスターワイフから逃げる〟ために浮気をしているのではないかと推察できるケースが少なくありません。

夫たちから話を聞くと、彼らは外見のモンスター化は「まだがまんできる」と言います。そしてその後に、「耐えきれないのは内面のモンスター化」と続けます。私はこの意見に自分の過去の反省を踏まえて激しく共感します。

たとえば、まだ確固たる証拠をつかんだわけでもないのに、「夫が浮気しているようです。どうしたらいいですか？」というメールが頻繁に届きます。私が「証拠もないのにいたずらに疑ってはいけません」と忠告すると、数ヵ月後、「証拠をつかむように必死でがんばったら、やっぱりボロが出ました！」という内容の報告が舞い込んできます。妻の鋭い嗅覚に感心する一方で、私は、彼女の証拠探しに躍起になっていた数ヵ月間を想像して暗い気持ちになるのです。「夫が出社したあと、毎日ごみ箱を漁りました」「セックスの後は、夫がシャワーを浴びている間に、コンドームに残っている精液の量をチェックし続けました」……。夫の近辺をクンクンと鼻を鳴らして物的証拠を探し続ける妻の形相は、紛れもなくモンスターのそれだと思われます。幸せになるはずの結婚生活の、本当なら愛を育むべき貴重な人生の数ヵ月間を、探偵業に費やさねばならない理不尽に、モンスター化は加速していきます。

夫の浮気が確実なものになると、モンスターワイフは、さらに醜悪な進化の過程に発展します。多くの妻たちは、結果的に夫が浮気相手から自分の元に戻ってきたとしても、夫の過去を許すことができません。夫のズボンやパンツを洗濯したり、たたんだりするたびに怒りがこみ上げると言います。怒りの矛先が、夫の下半身に向けられるという、身も震える話です。事あるごとにネチネチと嫌味や皮肉を言うようになります。長期間にわたって夫を責め続けます。夫が「浮気は二度としないって約束したんだから、そろそろ許してくれよ」と言っても、攻撃は止まりません。いえ、一度モンスターワイフ化してしまうと、自分でも「イヤな女」だと自覚していたとしても、攻撃を止めることができないといった方が正確でしょう。浮気された妻たちは、「私を裏切った報いを受けるのは当然よ」と考えるのですが、醜悪な内面がつくり出した般若の形相は、いつしか剝がれない仮面のように、着実に確実に妻の顔と同化していくのです。

残念ながら、女性の私から見ても、「ああ、こんな奥さんが待っている家には、帰りたくなくなって当然かも」と思える妻たちは少なくありません。

余談になりますが、今、終電に間に合うのに、あえてカプセルホテルで一夜を明かすサラリーマンが急増していると聞きます。30年ローンで手に入れた我が家よりも、簡易ベッドと小さなテレビしかない極小空間の方が、居心地がいいという悲しすぎる現実。カプセルホテルは、モンスターワイフの待つ家には帰りたくないが、かといって浮気する勇気も甲斐性もない夫たちの避難所なのかもしれません。

出産前後、結婚4～5年目が危ない

夫婦仲に危機が訪れる時期にははっきりとした傾向があります。最初は、出産前後。その次が、結婚4～5年目です。この二つの夫婦仲危険ゾーンは、どちらもセックスレスに陥りやすい時期です。言いかえれば、この時期を乗り越えれば、セックスフルで幸せな結婚生活が送れる可能性が高まるということです。

まず、出産前後。妊娠中は安定期に入るまでセックスを控えなければなりません。言葉を選ばずに言えば、強制的なセックスレス期間です。この期間は、夫もセックスをがまんしてくれます。さて安定期に入ってからですが、この期間は、夫や妻それぞれの性欲の個体差や、考え方、固定観念などの違いでさまざまなケースが考えられます。夫はセックスをしたいが、母性本能の影響で性欲が減退した妻が拒絶するパターン。逆に妻はセックスをしたいが、夫の方が、大きなお腹を前にすると性欲が減退してしまうパターンなどが典型例です。妊娠中は、お互いに性欲があったとしても、母体への影響を考えて控える夫婦は少なくありません。安定期にセックスしなかった夫婦は、妊娠中と産後の妻の体調が戻るまでの期間を合わせて、約1年間セックスレスということになります。それでもまだ1年です。それに妻と夫は、セックスをしなかった明確な理由を共有しています。

問題は産後です。いつセックスを再開するか？　医師が告知するセックス解禁日を待ちわび、久々のセックスに燃えあがる夫婦はとても優秀です。解禁日が虚しくスルーされ、完全にセックスが寸断されてしまう夫婦が非常に多いのです。これには、妻側と夫側、双方に理由と原因があります。

まず妻ですが、もっとも多いのは、母性の開花によって、性欲が著《いちじる》しく減少してしまうケース。3時間おきに母乳を与え、一日に10回以上オムツを取り換え、それでも泣きやまない赤ちゃんの世話に四苦八苦し、ろくに食事も睡眠もとれず精も根も尽き果ててベッドに倒れ込んだら、育児をろくに手伝わない夫が、ニヤけた顔で「なあ、いいだろう」。セックスを拒否したくなるのも無理ありません。

一方で、産後の妻の体の変化を受け入れられない夫も少なくありません。妊娠線、たるんだお腹、肥大化し黒ずんだ乳首、乳首からシャワー状に飛び散る母乳に完全に腰が引けてしまう夫は、妻の想像以上に多いのです。未熟な夫と切り捨てるのは簡単ですが、一度男性が、妻を「赤ちゃんの母親」としか見られなくなってしまうと、セックス再開は難航を極めます。正確な統計をとったわけではありませんが、妊娠中もセックスを続けていた夫婦は、産後のセックス再開がスムーズに行える傾向が強いように感じます。

一つたしかなことは、妻の性欲が一時的になくなる時期、ここをどう過ごすかで、後々の夫婦間セックスが天国と地獄に分かれるということです。わがままで自分勝手としか思えない男性の欲求であっても、完全に拒否してしまうのではなく、手やお口で処理してあげるだけでも、夫は満足してくれます。何より、妻からの拒絶は、夫の「男のプライド」をズタズタに傷つけてしまいます。プライドを傷つけられた男性の取る行動は2種類しかありません。〝逆ギレ〟か〝諦め〟です。女性は、戦争のような育児期間がひと段落すると、自然と性欲が盛り返してきます。しかし時すでに遅し。今度は夫が妻の要求を拒否するのです。

結婚4～5年目、今度は第2期夫婦危機が訪れます。あるアメリカの生物学者が、著書の中で「人間は4年で飽きる動物である」と述べていますが、相談所でも、まるで申し合わせたかのように、結婚4～5年目の妻たちからの相談メールが目立ちます。

たしかに、〝飽き〟は大きな要因ですが、妻たちから話を聞いて思う環境要因は、ここでも「子ども」です。大切に守っていかなければならないという母性本能の強い妻ほど、意識的か無意識かは別として、「子ども中心の家づくり」を粛々《しゆくしゆく》と遂行します。その子ども中心の家が、ほぼ完成するのが、結婚4～5年目なのです。言い方を変えれば、夫側から見て、「ああ、妻にとって自分は子どもの次の存在なんだな」と諦めてしまうのが、この時期なのです。子どもが生まれた後の、夫との関わり方は大変重要です。この時期に、子ども8割、夫2割という「二八蕎麦」のような愛情配分をしてしまうと、夫婦愛は急降下で温度を下げていきます。

女性にとって、お腹を痛めて産んだ我が子は天使です。我が子に愛情を注ぐのは素敵なことです。けれども、その10倍、夫のことも愛さなければならないのです。

セックス以外は満点パパ

セックスレスは、浮気問題と一、二を争う悩み相談の定番です。

セックスレスに悩む妻たちの相談メールを読んでいて、私が意外だったのは、夫に抱いてもらえない苦悩の日々を切々と綴る一方で、自分の夫を褒めたたえることです。

「セックス以外は何の不満もありません。優しいし、家事も手伝ってくれるし、子どもともよく遊んでくれて、仕事もがんばってくれるし……」

同じ人が送ってきているのかと錯覚してしまうほど、似たような文面を何回も目にしました。「セックス以外は満点」というフレーズは、もはやセックスレス妻の常套句です。

けれども繰り返しますが、彼女たちは、抱いてくれない夫に不満を持っているのです。中には、「結婚したのにセックスしてくれないなんて、詐欺《さぎ》です！」と、自分の夫を詐欺師呼ばわりする妻もいます。妻の性的欲求を満たせない夫も罵詈《ばり》雑言《ぞうごん》の集中砲火を浴びます。自分の夫を平気で「下手くそ」呼ばわりするのです。そんな下手くそ夫も、きまって「セックス以外は満点」です。

私は逆に聞きたい。あなたの夫は、セックスを含めたら何点ですか？　と。90点？　50点？　それとも10点？

不満を文章で爆発させる一方で、こんなにも私のダーリンは素敵な男性なんですと、夫に高評価を与えるのは、恐らく「相談はしたいけど、自分の夫を他人から悪く思われたくない」という女性心理によるものなのでしょう。女の見栄、女のプライド……。それは同じ女性として理解できる部分もあるのですが、自分の夫を褒めては貶《けな》し、貶しては褒める、歪んだ二重構造に、やはりモンスターの顔が見え隠れします。

セックスレスに悩む妻たちに共通しているのは、結婚する前の段階での、セックスの優先順位の低さです。これほど性に関して女性がおおらかに語れる今の時代でも、結婚相手選びの条件の中で、セックスを上位にもってくる女性はほとんどいません。ベスト3の定番は、ルックス、年収、性格。セックスは10番目くらいです。そして彼女たちは、結婚した後になって初めてセックスの重要性を知ることになるのです。

私には考えられないことですが、ここ最近、一度もセックスをしないまま結婚に至る「未性交婚」が増えています。2年ほど前、こんなメールが届きました。

「同じ布団で寝ても、手も握ってくれません。彼は、『結婚したらできるかも』と言っています。すずね所長、結婚してもいいですか？」

驚くべき内容です。もちろん大反対しました。私だけでなく、今まさにセックスレスに悩んでいる一般の妻たちからも、「やめなさい！」「絶対に後悔するから」というメールが続々と寄せられました。しかし彼女はサイトをあげての反対運動もむなしく「もう、式場を予約しちゃってるんで」とあっさり1ヵ月後に結婚してしまったのです。それから半年後、彼女からメールが届きました。

「やっぱりセックスがありません。結婚しなきゃよかったです」

このケースは極端かもしれませんが、セックスの重要性に想像を及ぼすこともできない、まるで中学生のような稚拙《ちせつ》な恋愛観で結婚してしまう女性は、高確率でしっぺ返しを食らいます。そして未熟さはモンスターの卵です。なぜなら未熟な女性ほど、幸せを感じられない原因を他人のせい、つまり夫のせいにしてしまうからです。「こんな男と結婚したから不幸になった」と、夫への恨みは日を追うごとに増幅していくのです。

夫はどこかで出している

「私たち、セックスレスでも仲良しだから」と、達観したような物言いをする妻たちがいます。まず、私が彼女たちに問いたいのは、「ダンナ様も、本当にあなたと同じ考えですか?」ということです。男性はいくつになってもマスターベーションをします。誰もが溜まれば出したいのが男性です。たとえ妻とセックスしなくても、夫は溜まればどこかで出しているのです。挑発的な言い方をすれば、それは自己処理とは限らないということです。今の世の中、浮気以外にも、男性の射精欲を満たしてくれる場所は山ほどあります。

幸いにマスターベーションだとしても、性的興奮をかきたてるオカズが必要です。それはグラビアアイドルの健康的な水着姿かもしれないし、アダルトDVDかもしれません。妻が知らないだけで、世の夫たちは、必ずどこかでこっそりと精液を出しているのです。これは紛れもない事実です。

そして、数々の妻たちからの相談を受けてきた私が断言できるのは、日頃性的に満たされていない妻ほど、そして男性の性に対して無知な妻ほど、夫のマスターベーションの現場を目撃したときに、突如として、醜く巨大なモンスターがその姿を現すということです。その瞬間、完全に理性は失われます。泣きわめき、怒鳴り散らし、物にあたります。もう、菩薩様のような顔はしていられません。夫が興奮していた、自分よりもはるかに若くて、ナイスボディのモデルに対して、嫉妬心を超えた敵意を抱くようになります。若い女性すべてが幸せを壊す敵に見えるようになります。夫が外出するたびに、ごみ箱の臭いを嗅ぎます。もしも丸まったティッシュから青草の香りでもしようものなら、たちまち顔は般若に変わります。このときになって、夫も男だからマスターベーションくらいするわよと、冷静さを取り戻そうとしても、なかなかそうはいきません。もうモンスター化してしまったのです。あのときの光景を思い浮かべるだけで吐き気をもよおします。まともに会話もできなくなります。

「セックスがなくても仲良し」というのは、多くの場合、見せかけの平和にすぎません。それも一時的なものです。セックスの重要性にまだ気がついていないから言えることです。違う角度からお話しすれば、本当に仲良しで本当に幸せを実感している夫婦は、年齢に関係なく、間違いなくセックスフルです。「セックスの回数と夫婦仲は比例する」と言っても言いすぎではありません。ただし、セックスの定義は必ずしも挿入にこだわらず、セクシャルなスキンシップやキスを含みます。

これまでセックスにいい思い出がない女性や、セックスに対する関心が低い女性には、想像し難いかもしれませんが、女性のカラダは、たとえ日常的に性的経験を重ねていかなくとも、日々成熟していきます。

セックスレスでも女は熟れるのです。

ここが加齢とともに性欲や性的機能が低下していく男性との大きな違いです。

もう夫とセックスすることもないからと、好きなだけ食欲を満たし、醜くブクブクと太った後で、体の内側からわき上がるような性欲に気がついても手遅れです。

満点ママという思い込みが危ない

モンスターワイフというと、女を捨てて怠惰な生活を送る妻たちのようなイメージを持たれるかもしれませんが、ことはそんなに単純ではありません。モンスターは、一見優等生に見える妻たちにも卵を産み落とすのです。

妻たちは、相談メールの中で、いかに自分が妻として努力しているかを主張します。「主人に優しく接してきました」「いつも笑顔を心掛けていました」「どんなに主人が遅く帰ってきてもがんばって食事をつくりました」「ちゃんと家の中でもお化粧をしています」「女性誌のセックス特集などを利用してセックスの研究も怠っていません」……。

彼女たちは、たしかにいろいろと努力をしているのでしょうが、実際は、夫婦仲は改善の兆《きざ》しすら見えない。それは、実際には「満点ママ」ではなく、多くが「満点のつもり妻」だからなのです。

偽りの満点のメッキは、夫婦喧嘩のときにわかりやすく剝がれます。

「私はこんなにがんばっているのに、どうして抱いてくれないの⁉」

「私はこんなにがんばっているのに、なんで浮気なんかしたの⁉」

努力とは本来隠れてするものです。いじらしく、つつましやかに、従順に夫のためにやった努力は必ず報われます。努力が実を結ばないのは、それが相手のためではなく、自分を正当化するための手段として使われているからです。夫を攻撃するときの道具に使われるような努力は、本末転倒という他ありません。たとえ「こんなにがんばっているのに」と口に出して言わなかったとしても、この「満点のつもり感」は、夫に対して相当なプレッシャーになっているのです。

これが恋愛なら、「こんなにがんばったのに」「こんなに愛しているのに」「こんなに尽くしてきたのに」と、いくら言っても、簡単に男性にフラれてしまうというのはごくごく当たり前のことです。そのとき女性は、「ちょっと束縛しすぎだったかも」とか、「ちょっと面倒くさい女になってたかも」と、努力の仕方や方法が間違っていたかもしれないと反省し、次の恋に失敗を生かそうとします。失敗がスキルアップにつながるのです。

しかし女性は、結婚した途端に、この当たり前のスキルアップができなくなってしまうようです。私も、以前はスキルアップどころか、自分を貶《おとし》める方へ突っ走っていたのです。「こんなにがんばっているんだから私は正しい。悪いのは夫」と決めつけ、夫にとってはプレッシャーでしかない独りよがりの努力をかぶせて、夫を追い込み、夫の逃げ場を奪います。そこには、けなげさや、いじらしさや、奥ゆかしさといった、男性を惹きつける女性らしさは微塵《みじん》もありません。

「自分はがんばっている」という過信に、モンスターは忍び寄るのです。

夫の浮気と〝オス度〟の関係

イケメン。仕事をバリバリやってお金をいっぱい稼いでくれる男。セックスの強い男。私は〝オス度〟と呼んでいますが、女性は優秀な遺伝子を残したいという本能に従い、よりオス度の高い男と結婚したいと思います。そして、オス度の高い男を夫に持つということは、女として素晴らしいことであると同時に危険でもあるということを、妻たちはしっかり認識しておかなければなりません。

男は浮気をする生き物です。こう思っておいてまず間違いありません。オス度の高い男は、当然ながら女性にモテます。つまり、夫のオス度が高ければ高いほど、それはもう、結婚を決めた時点で、浮気を覚悟しておかなければならないのです。オス度の高い男には、〝浮気の心配〟もワンセットでついてくるのだと。

浮気なんか許せない！　イヤなものはイヤ！　その気持ちはわかります。

けれども、では、絶対に浮気なんかできないような、モテない男性と結婚したいですか？浮気の心配のない男性とは、つまりはオス度の低い男性です。ルックスも、年収も、セックススキルも平均以下。それでいいですか？　あえて言うまでもなく、浮気の心配がないという理由だけで、わざわざオス度の低い男性を結婚相手に選ぶ女性などいません。

はっきりさせておかなければならないことは、すべてにおいて妻にとって都合のよい男性など世の中にいないということです。理想はあっていい。けれども、理想と現実は違うのです。

●夫A……毎日ちゃんと決まった時間に帰ってくるけど、弾むような会話もなく、ほとんどパソコン部屋にこもりっきりで、月に1回あるかないかのセックスは、入れて出すだけのインスタントセックス。愛されているという実感があまり持てない。仕事は派遣で年収は200万円以下。妻がパートに出ても生活が苦しい。

●夫B……30代前半にして年収は2000万円以上のイケメンエリート。港区に持ち家があり、車はベンツとフェラーリのオープン。会社のオネエチャンと浮気もすれば、会社の接待と称してキャバクラ三昧だが、夫は心から妻のことを愛していて、週に3回はベッドの上で満足させてくれる。

夫Aと夫Bのどちらがいいですか？　という選択を迫られるのが現実なのです。

「信じていたのに浮気されました。毎日泣いています。今日も夫は帰ってきません。離婚を考えています」と、ヒステリックに大騒ぎする妻がいます。浮気をどうしても許せないのならば、離婚も選択肢の一つでしょう。けれども、離婚後、新しい人生を歩み始めると同時に、再び夫Aと夫Bのどちらを選ぶかといったリアルな現実と向き合うのだということを忘れてはいけません。

夫が浮気しないほうがいいに決まっています。しかし、たった一度浮気をしたというだけで三行半《みくだりはん》を突きつけるのも考えものです。「浮気→離婚」では、とめどなくバツの数が増えていくだけです。

蔓延する「妻だけＥＤ」

ＥＤ（勃起障害）に関する相談が急激に増えています。十分に勃起しない、中折れする、挿入しても射精に至らないなど、ＥＤの症状はさまざまです。ＥＤは50歳以上の熟年世代の病気だと高を括《くく》っているとひどい目に遭います。ストレスの多い我が国では、若い世代にもＥＤが魔の手を伸ばしているのです。１９９４年の調査では推定１１３０万人とされたＥＤ人口が、今では１８００万人以上と推測する泌尿器科の医師もいます。その昔、「25歳はお肌の曲がり角」というＣＭがありましたが、私は「35歳は下半身の曲がり角」と言い換えて、30代の夫婦に気をつけるように注意を促しています。ＥＤは、寝室事情を劣悪化させるだけでなく、夫から自信や元気までも奪い去ってしまうのです。

ＥＤの原因は、仕事のストレスなどによる〝心因性〟と、メタボリック症候群や糖尿病など、臓器・組織の形態的異常が原因となる〝器質性〟の二つに大別できます。この問題の深刻さは、一度ＥＤになってしまうと、回復がとても困難なことです。何より大切なのは予防。私は、「夫が家でリラックスできる環境を整えること」と、「バランスのとれたお料理」の2点を、ＥＤ予防策として呼び掛けています。

さて、ここからが本題です。私が今最も問題視しているのは、私が「妻だけＥＤ」と命名した夫の下半身事情です。浮気相手とはセックスできる。風俗でも気持ち良く発射できる。今までどおりマスターベーションもできる。でも、相手が妻のときだけは勃起できない。それが妻だけＥＤです。私は、日本のセックスレス問題のほとんどすべてが、この妻だけＥＤに該当しているのではないかと考えています。先に、ＥＤには心因性と器質性の2種類があると述べましたが、妻以外であれば夫の下半身は元気なのですから、勃起しない理由は明らかに心因性によるものです。そして、妻の前だと急に元気がなくなるということは、その原因は妻側にある可能性が非常に高いということです。

しかし、多くの妻たちはそうは考えません。当然のように夫に責任があると思い込んでいます。セックスしたいのにセックスできない妻たちの不満の表し方は、ときに女性の私から見ても、夫に同情したくなるほど非情かつ残酷です。最初のうちは、夫を気遣って「大丈夫だって、今日は調子が悪いだけよ」と夫を慰め、一所懸命にこだわりのネバネバ料理を食卓に並べていた妻たちが、何度目かのチャレンジで失敗に終わると、堪忍袋《かんにんぶくろ》の緒が切れたように、「なんで勃たないの?」「病院に行ってよ!」と、責めるようになります。ちなみに、この二つのフレーズは禁句中の禁句です。もしも本当に夫ともう一度セックスをしたいのなら、絶対に口に出してはいけません。

最近私はあることに気がつきました。それは、夫のEDに悩む妻たちが取る行動パターンは、セックスに心が込もっていない男性とまったく同じだということです。男性はセックスで思うような反応が見られないと、責任を全部女性に押しつけます。「オレがこんなにがんばっているのになんで感じないんだ」「不感症なんじゃないの?」「病院でホルモンの検査をしてもらったら?」と。自分のテクニック不足は棚上げして相手を傷つけます。妻からの相談メールの内容もこれと同じなのです。「一回、医者に診せた方がいいんでしょうか?」「ホルモンのバランスが崩れているんでしょうか?」「夫は浮気しているんでしょうか?」と。そして必ず出てくる言葉が、やはり「私はこんなにがんばっているのに」です。責任は相手にあるとしか思っていない構図は、極めて相似形です。

たしかに夫側にも問題はあります。一つは、日本人の男性は、病院に行くことを極端に嫌がるということです。男性から話を聞くと、泌尿器科のお世話になること自体を屈辱に感じるようです。器質性の場合は、やはり専門医に相談するべきです。けっして恥ずかしい検査ではないのですが、病院で恥ずかしい検査を受けるのではないかと怖くなっているようです。

しかし、考えてみれば、妻だけEDの場合は、相手が妻でなければ問題ないわけですから、夫はそもそも治療を必要としていないのです。そして、まさか妻だけEDとは知らない妻たちは、病院にも行かず、ずっとセックスレス状態を放置し続けられることで、モンスター化の度合いを増していくのです。性的に満足できない妻は、つねに機嫌が悪く、夫に当たり散らします。イライラモンスターです。満たされない性欲を食欲で補っているうちに、体重計が壊れそうなブクブクモンスターになります。先に、食生活の重要性を指摘しましたが、かといって毎日のように、ネバネバ系の料理を食卓に並べるのは、夫にとっては無言の圧力でしかありません。これはプレッシャーモンスターです。自分ではよかれと思ってしたことが、逆効果になっていることは実によくあることです。

妻は、女の知恵として、男性のハートと下半身は非常にデリケートであるということを知っておかなければいけません。女性は演技でイッたフリができますが、男性は演技で勃起はできないのです。

妻が淫乱に見えてしまう夫

「夫から〝淫乱〟と言われました」という内容のメールが最近増えています。淫乱を広辞苑で引くと、「みだらな行いをほしいままにし性的に乱れていること」とあります。一人の男性では手に負えないほど性欲が強いとか、見境なく誰とでもセックスしてしまうような妻なら「淫乱」と言われても納得できますが、相談してくる妻たちは、もちろんそんなフシダラな女性ではありません。普通のごくごく平均的な性欲の女性たちです。どんなときに夫から淫乱と言われるのか？　妻たちのメールから少し抜粋してみましょう。たまにセックスをねだっただけで「お前の頭の中にあるのはセックスのことだけか？」と淫乱呼ばわり、ちょっとセクシーな下着をつけて寝室に入っただけで淫乱、お疲れ気味の夫のために一所懸命フェラチオをしてあげたら淫乱。淫乱でもなんでもありません。そもそも〝ちょっとエッチな妻〟は、世の夫たちにとって優等生妻のはずです。その証拠に、ちょっとどころではなくエッチな人妻が主人公のアダルト作品は、昔も今も大人気です。エッチな人妻というのは、それ自体一つのブランドです。

私は、この件について、何人かの男性から意見を聞いてみました。その多くは、「セックスに淡白な奥さんより、ちょっとエッチな奥さんの方が断然いいと思うよ」「その程度で自分の妻を淫乱呼ばわりする夫の気持ちが理解できない」と、妻たちの味方でしたが、ある男性がこう言いました。「う〜ん、妻のタイプによるんじゃないの?」と。この言葉にハッとした私は、彼女たちの相談内容をもう一度細部まで総チェックしてみました。

「ちょっと太めなのがいけないんでしょうか?」

経験上、女性がちょっと太めという表現を使うときは、相当に太めです。

「姑とそりが合わず、どうしても夫に愚痴をこぼしてしまいます」

自分の親や親族の悪口を聞かされるのは、夫にとって〝苦〟でしかありません。

「育児に追われて、ずっとおしゃれに気を使っていなかった私にも問題はあると思いますが……」

多くの夫は、「子どもの母親」「家族」「同居人」としか見られない妻とのセックスは考えられないと言います。

「妻のタイプによる」という言葉が重く響きます。彼女たちのメールの端々に、モンスターの影がちらつきます。

普段は、子どもを大声で怒鳴りながら追いかけまわし、居間にゴロンと寝転がって、お尻をボリボリ掻いてお菓子を食べながらテレビを見ている妻が、夜になった途端、ちょっと太めの裸体もあらわに鼻を鳴らして迫ってくる……。

妻にはセクシーな夜も、夫にとってはホラーなのかもしれません。

被害者意識が夫を遠ざける

女性には忌《い》まわしい過去を執拗に引きずる習性があります。夫の裏切り行為や心ない言葉などを、当時のまま脳に映像化して記憶しています。夫婦喧嘩ともなれば、過去の忌まわしい記憶の数々が、まるで昨日のことのように次々とプレビュー再生されます。「あのとき、あなたにこんな酷《ひど》いことを言われた」とか「あなただって5年前に他の女と浮気してたじゃない」など、今の争点とはまったく関係ないことを引っ張り出してくる。誰でも男性から「いつまでそんな昔のことを覚えてるんだよ」と言われた経験は一度や二度はあるでしょう。夫たちは、すでに決着済みの事案を、ことあるごとにほじくり返されることが、疎ましくてたまらないと口を揃えます。

この映像化の能力は、実際に自分が経験したことや目で見た光景だけにとどまりません。夫のカバンから風俗店の名刺が出てきたり、夫の携帯に知らない女性からメールが届いているのを発見すると、現場を見たわけでもないのに、夫が若い女性とニヤけた顔でイチャイチャしている様子や、セックスの場面そのものを脳内でつくり上げてしまいます。妄想の暴走は、ときとして夫が身に覚えのない裏切り行為まで映像化して刻まれるのです。夫にとってはたまったものではありませんが、これが女性の性質です。

悪いのは全部夫、私はぜんぜん悪くない。ああなんて私は不幸なんだと妻たちは考えます。これは私にも覚えがあります。前の夫と夫婦生活が破綻していたとき、私は、自分がモンスターワイフであったにもかかわらず、「私は世界で一番不幸な妻」だと信じて疑いませんでしたから。相談所を運営し、数々の悩める妻たちの相談を第三者として観察できるようになってはじめて、私は、自分が世界で一番不幸な妻なんかではなかったことに気づくのです。夫は将来を有望視される3高男性だし、地価の高い都内私鉄沿線の人気住宅地暮らし、老年の親を介護しているわけでもなければ、子どもが難病を患っているわけでもなかった。そもそも、私たちが暮らしている国は、GDP世界第2位の日本です。

第三者の目で客観視したとき、決して一方だけの責任で、夫婦仲が悪くなっていくのではないことがわかります。「妻の悪い点」vs.「夫の悪い点」において、50：50、30：70、12：88などバリエーションはいろいろあるのでしょうが、「妻0：夫100」のパターンは、まず存在しません。

けれども、かつての私がそうであったように、多くの妻たちの被害者意識においては、責任は限りなく「妻0：夫100」なのです。

被害者意識をかきたてる要因の一つが、先述してきた映像化能力です。妻たちは、頭に血が上ってくればくるほど、今と過去と妄想がごちゃ混ぜになってきます。今の不幸に、過去と妄想がどんどん上塗りされていくことで、被害者意識はエキセントリックに強化されます。問題なのは、「問題を解決する」ためには必要不可欠な冷静さが失われていくことです。妻の頭の中が被害者意識一色に染められてしまえば、もうモンスターのやりたい放題です。

妻たちの話を聞いていると、中には、思わず私が直接乗り込んで行って、鉄槌をお見舞いしたくなるような最悪の夫もいます。しかし、それでも、「妻0：夫100」などあり得ないのです。たとえ「妻1：夫99」という、考えられる最悪の組み合わせがあったとしても、その状況にしてしまった責任は、やはり夫婦双方にあります。

被害者意識はモンスターの呼び水であり、ますます妻から夫を遠ざけるだけです。冷静さを失わず、落ち着いてください。

夫に浮気される妻の共通点

夫の浮気問題に悩んでいる真っ最中ですから、ある程度は仕方がないことなのですが、浮気に悩む妻たちは、思考がネガティブになりがちで、どうしてもメソメソしてしまいます。「夫からこんなにひどい言葉を吐かれました」とか「話しかけているのに私の目も見てくれません」など、彼女たちにとってショックな出来事が書かれているのですが、繰り返し繰り返し同じ内容の文章が登場します。そして、何度も画面をスクロールしなければならないほど大量の文字数で自分を正当化します。

まるで牛が胃の中の食物を何度も何度も反芻《はんすう》するかのように、夫の過去の過ちを引き合いに出しては、愚痴をこぼし、嫌味を言い、夫が相手をするのが面倒くさくなって無視すると、キレる。過去に執着するのは女性の性質ですが、とはいえその性質がある限度を超えてしまえば、夫にとっては立派なモンスターワイフです。「夫がちゃんと話を聞いてくれません」という訴えは本当に多いのですが、それは、モンスターワイフからの避難行動である可能性があります。関わりを持たないことで、災難を水際で食い止めようとしているのかもしれません。

妻たちは、夫に浮気をやめさせようと、いろいろな手段を講じますが、私が感じるのは、つねに彼女たちの脳裏から、夫が他の女とセックスしている映像が離れないイメージです。家族で食卓を囲んでいても、夫が新聞を読んでいても、夫がお茶を飲んでいても、いつも夫が裸の女性と抱き合っている絵が浮かんでしまう日常の常態化。だから彼女たちは、夫がビックリするようなタイミングで愚痴や嫌味をこぼします。妻はつねにピリピリ、夫はつねにビクビク。モンスターワイフが住む家に、夫の求める平和はありません。だから、夫たちは、新たな安住の地を求めて家の外に旅立つのです。

そして、ここからは私の想像ですが、浮気に悩む妻には、夫が浮気する以前から、前述してきたような、ネガティブな傾向があったのではないかと思うのです。

誤解を恐れずに言いますが、家が夫にとって本当に居心地のよい安らげる場所であれば、たとえ病的に浮気癖のある夫でも、必ず最終的には妻の元に戻ってきます。私はこれまで100人以上の夫たちにヒアリング調査をしてきましたが、これは確証を持って文章にできる男性心理です。

夫の裏切りを妻は忘れられません。けれども、夫にしてみれば、「この先、何年同じ愚痴を聞かされるのだろう」と、途方にくれるのです。

「思い込み」はモンスターの卵

悩める妻たちに顕著なのは、〝思い込み〟の激しさです。一度こうだと思うと、それはもう絶対に動かしようのない事実だと決めつけてしまう。

セックスレスに悩む妻たちから、「いろいろと自分なりに勉強して手を尽くしてみたんですが、セックスしてくれません。もうどうしたらいいのかわかりません」というSOSが届きます。私が、メールで一行「ダンナ様に、『抱かれたい』って言ってみましたか?」と聞いてみると、「言ってませんでした」。しばらくすると、「言ったらできました～！」という吉報が返ってくる。

このように、私がたった一行アドバイスするだけで（実際には、シチュエーションなどに合わせて補足しますが）問題が一発で解決するケースを、「一行解決」と呼んでいますが、思い込みや固定観念に縛られて、柔軟な発想や対応ができなくなっている妻は本当に多いのです。

冒頭のケースは、「女性の方からセックスのことを口に出すのははしたない」という思い込みでしたが、妻たちの思い込みはさまざまです。

「夫はもともと淡白な人なのでセックスの復活は無理」「夫は仕事で疲れているから、誘っても無理」「夫は結婚して人が変わってしまったから無理」「3人子どもを産んで体型が崩れてしまったので、今さらおしゃれしても無理」「夫は姑の言いなりなので何を言っても無理」「主人の給料が安いので両親との別居は無理」「この歳で離婚したら、もう再婚は無理」「専業主婦の私が離婚しても今さら経済的な自立は無理」「離婚したら子どもが幸せになれない」……。そして「こんなことは誰にも相談できない」という思い込み。

悩める妻たちの相談を聞いていて、いつも思うことは、本人は「いろいろと手を尽くしている」つもりでも、私から見ると、今一つ「工夫が足りない」ということです。少し考えれば突破口はあるのに、無理だと思い込んでしまう。表門は二重三重に施錠されていても、裏門のカギは開いているというのは、実によくあることです。もっとも問題なのは、無理無理無理という思い込みは、妻たちを〝諦めモード〟にしてしまうということです。満たされない思いは、暴力的なスピードで過ぎていく時間（年老いていく自分）への焦燥感や恐怖と混じり合って、妻たちの心を闇と狂気の世界へ誘うのです。それまで「私は耐えてきた」「私はがんばった」という気持ちが強いほど、出現するモンスターは巨大で強力です。

思い込みはモンスターの卵です。

妻の浮気はハイリスク

以前、約1600名の妻たちを対象に行った性の意識調査で、「夫とのセックスの最中に、他の男性のことを思い浮かべますか？」という質問に、51・5%がYESと回答しました。妻にも夫に負けないくらい浮気心はあるのです。そして今、頭の中だけの密かな楽しみを超えて、実際に浮気してしまう妻たちが急増しています。これには二つ社会的要因があると分析しています。一つは女性の社会進出により、浮気相手を探せるチャンスが増えたことです。雇用の機会均等は、ワーキング妻たちのセックス機会も均等化させたのです。二つ目は、女性が性について語りやすい環境が次第に整ってきたことです。セックスに対してポジティブに考えるようになった妻が増えているのは、「ａｎ・ａｎ」を筆頭に女性誌のセックス特集が部数を伸ばしていることからも明白です。とくに私が感じるのは、「セックスは男性だけのものじゃない」という意識改革のダイナミックなうねりです。そして「男性だけのものじゃない」にはじまった意識改革は、「夫以外の男性でもあり」という新たな潮流をつくり上げようとしているのです。その原動力になっているのが、夫に抱かれない妻たちの、「オンナとして認められたい」という切実な欲望です。

「もう3年以上、セックスレスです。夫以外に好きな男性ができました。相手も私のことを本気で愛していると言ってくれます。私は今38歳です。このチャンスを逃したら一生セックスできないかもしれません。一線を越えてもいいでしょうか？」

相談というよりも、私に浮気の免罪符をもらいたがっているかのようなメールがたびたび届きます。多くの場合、もう彼女の心の中では答えが決まっていますから、私が何を言ったところで、彼女たちのほとんどは浮気します。

相談所では、彼女たちの置かれた状況やシチュエーションにかかわらず、浮気には「反対」の立場を貫いています。それは浮気のメリットとデメリットを比較したとき、デメリットの方がはるかに大きいからです。

まず浮気のメリットは、「性的に満たされる」「感度がアップする」「オンナとして認められる」などがあげられます。対して、デメリットですが、一番厳しいのが、女性の浮気は、バレたときに、「即離婚」に結びつくケースが非常に多いということです。日本という国は、夫の浮気と妻の浮気では、罪の大きさが格段に違うのです。女性としてはとても不本意なことですが、徹底的に社会的制裁を加えられます。法的にも制裁を受けます。端的に言えば、「慰謝料をいっぱいとられる」のです。

私が妻の浮気に反対する最大の理由は、「家庭を壊すつもりはないのですが」と言いながらも、前述したリスクと、そのリスクの先にある自分の将来について、実はほとんど真剣に考えていないからです。なぜなら、浮気をする妻たちの頭の中を支配しているのは、ただ、「不幸な今」から「逃げたい」という気持ちです。苦しい、少しでも楽になりたい、と。長い人生、どんな夫婦にも、必ず一度や二度の危機は訪れます。そのとき、その苦しさから逃げ出してばかりでは、妻として、母として、女として成長することはできません。成長しなければ、別の人生を歩んだとしても、待っているのは同じ運命です。

やり残した感があるリスクとは

40代以上のセックスレス妻たちの口からたびたび出てくるのが、「このままじゃ死ねない」という言葉です。

「気がつくと、40年間男性から触られていません。死ぬ前に、もう一回だけセックスしたいんです。このままじゃ死ねません」

こういった内容のSOSが頻繁に舞い込んできます。

ある朝、妻たちは鏡に映った自分の顔に愕然とします。白髪、目の窪《くぼ》み、ほうれい線、しわだらけの首……。女性としての喜びを知らないで更年期障害や閉経を迎える不幸な私。

20代、30代の妻たちに、ぜひとも知っておいて欲しいことは、女性は、老いを実感したとき、性への欲望がムラムラと蘇ってくるケースが非常に多いということです。けれども、一般の妻たちを観察していると、20代、30代のまさに女盛りの時期に、夫とのセックスが日に日に減っていることを自覚しながら、「時間が解決してくれるんじゃないの」とか、「ま、別にないならないでもいいし」とか、「ダンナとのセックスよりも楽しいことはいっぱいあるし」などと、のんきに構えて、セックスレスを放置しているケースがとても多いのです。

少し目先を変えて男性の話をしましょう。夫が上級夫に育つ典型的なパターンの一つに、若い頃は、女性をとっかえひっかえしていた男性が、あるときを境にぱったりと女遊びをやめ、妻だけを愛する上級夫に変身するケースがあります。それまで遊び倒してきたぶん、女性心理に精通しているため女性の扱いも上手で、妻にとっては理想の夫になります。なぜ、このようなパターンが生まれるのか？ それは、本能のままに、いろいろな女性とセックスをしてきたことで、彼らの心が性的な充足感で満たされているからです。いわゆる「やり残した感」がない男性が、愛の本質に気がつくと最強です。補足すれば、彼らに愛の本質を気づかせる要因は、多くの場合が「妻の献身的な愛」です。男の浮気は妻にとって厄介このうえないことですが、母親がどんなにできの悪い子どもでも見捨てずに愛情を注ぎ続け、どんなに世間の評判が悪くても「私だけはあなたの味方だから」と命がけで守り続ければ、その子どもは「無償の愛」という愛の本質を身をもって知る、心の優しい人間に育つように、夫たちは、夫婦愛の本質に気づき、過去を改め、夫の為すべきこと、夫の果たすべき役割、つまり妻を幸せにすることが、自分の最大の使命であることに気がつくのです。

この逆が、「まさかあの生《き》まじめで誠実な主人が浮気するなんて」のパターンです。女遊びもせず、まじめに勉強して、まじめに働くことで〝オス度〟をアップさせ、結果としてそれなりの経済的基盤や地位を獲得した男性ほど、日に日に「やり残した感」が募《つの》ります。若い頃にあえて抑制していた男の本能が、何かのきっかけで暴発するのです。若い頃はまじめで堅物な素養が、逆に女性を遠ざけていた青年も、今やオス度の高い男性。若い女性たちの格好のターゲットです。そして人間は「魔が差す」生き物です。そのとき、生まじめな男性は、女性経験や恋愛経験が少ない分、若い女性たちの文字どおり「若い肉体」と「やり残した感」の相乗効果で、いわゆる〝老い花の狂い咲き〟モードへ突入するのです。

男性を例に解説してきた「やり残した感」は、そのまま40代以上の妻たちに当てはまるということです。セックスに関心がないかのように、セックスレスをのんきに放置していたとしても、女性の体は性的に成熟し続けています。「セックスなんてなくても平気」という妻たちの意識下では確実に「やり残した感」が募っているのです。そしてあるとき、眠っていた性欲が、一気にぶり返すのです。男性よりも性質《たち》が悪いのは、自分でも知らない間に熟成された性欲と性感のために、「肉欲」に溺れやすいということです。

女性にとっての最大のハンデは、50代、60代になってからセックスの重要性に気がついて、「このままじゃ死ねない」と思っても、パートナー探しが非常に難しいことです。

実際に、50代、60代の妻たちから、「女性用の風俗はありませんか?」「お金で買える男性を紹介してください」という相談をたびたび受けます。現在、たしかにそういう場所が日本にないわけではありませんが、そこはアンダーグラウンドな世界です。安心して女性たちが望みを叶えられる場所など存在しないので、私は彼女たちの期待に応えることはできません。

20代、30代の妻のみなさん、どうか、自分とは無関係の話だと思わないでください。若年世代のセックスレス予備軍は、「このままじゃ死ねない」予備軍でもあるということを。

デキ婚は危険がいっぱい

今、若い「デキ婚妻」からの相談が軒並み増加しています。実感的に思うのは、デキ婚の是非とは別に、「恋愛→結婚→妊娠」よりも、「恋愛→妊娠→結婚」の方が、トラブルに見舞われる妻たちの確率が圧倒的に高いということです。

デキ婚は、妻たちの年齢が若い場合が多い。人生経験が少なく、未熟ですから、夫婦仲が思うようにいかないのも無理のないことだと言えますが、彼女たちに通底した特徴は、自分への自信のなさです。自信のなさが結婚と妊娠の順番を逆にしているとも言えます。これには少し説明が必要です。妊娠するということは避妊をしていないということです。今風に言えば、ナマでやってるから妊娠するのです。責任の大半は男性側にあることを百も承知で言いますが、「いいだろ? ナマで入れさせてよ」という男性の欲望を退けられない女性も悪いのです。「私に限って妊娠はしないだろう」という論外は別として（実際、こういう根拠のない自信の持ち主は驚くほど多い）、男性の中出し要求を拒めなかった理由を聞いてみると、そのほとんどが「彼に嫌われるのがイヤだから」「彼を他の女にとられるのが怖かった」という理由です。これを自信のなさと言わずしてどう説明すればいいのでしょう。万が一堕胎《だたい》という事態になれば自分自身そうとうなダメージを被ることを知らないはずのない女性たちが、「コンドームを着けてね」のたった一言が、口に出せないのです。

せっかくのムードが壊れる、ということもあるでしょうが、それなら事前にちゃんと話し合って、お互いに納得できる形でセックスに臨めばいいだけの話です。もっと言えば、ムードを壊さないような言い方ができないことに、そもそもコミュニケーション力への自信のなさがうかがえます。ちゃんと会話して相手との意思の疎通を図ってもいないのに、あいまいで感覚的な愛だけを頼りにしている脆弱《ぜいじゃく》な相手との関係性。一般的にデキ婚は、結婚と妊娠の順序が逆になっただけと思われていますが、実は、夫婦のスタートラインとなる大切な〝恋愛〟が、本物かどうか怪しいケースが多いのです。

「合コンで盛り上がって、その日のうちにエッチしたらできちゃいました」という「一発デキ婚」も、今の時代、決してレアケースではありません。あえて言葉を選ばずに言えば、ほとんど素性も知らない男性と、避妊もしないでセックスを楽しんだ代償は想像以上に大きいということです。

デキ婚妻たちの代表的な悩みは、「結婚してからセックスをしてくれない」「夫と体の相性が悪い」という、セックスに関することです。往々にして、デキ婚は、セックスのお試し期間が極端に短いために、こういう事態に陥ります。彼女たちには酷ですが、第三者から見れば、想像どおりの結果です。

私が強く感じることは、「コンドームを着けてね」の一言が言えなかった彼女たちは、セックス以外の場面でも、夫に自分の主張をはっきりと伝えられないということです。「バカだと思われるかも」「面倒くさい女だと思われるかも」「夫を不機嫌にしてしまうかも」と、すべての言葉を飲み込んで、結果として本当は夫婦二人で話し合って、承諾したり、解決したり、意思統合しなければならないことを夫任せにしてしまいます。にもかかわらず、幸せにはなれない原因を、夫のせいにするのです。

私は若いデキ婚妻たちに、いつもこう語りかけます。「今あなたはデキ婚のことで悩んでいるけれど、このままだと、今後もっと辛い将来が待っていますよ」と。

本稿で一番強調したいことは、30代以上の悩める妻たちも、「自信のなさ」という点では、若く未熟なデキ婚妻たちと大差ないということです。自信のなさの裏返しで、総じて、いじけた考え方になります。夫を攻撃しながら、何をやるにも自信の持てない自分を自虐的に呪うのです。夫にとってはモンスターワイフでしかありません。

夫に愛してもらう以前に、まず自分で自分のことを好きになれる魅力的な女性になる努力をしなければならないのです。

夫婦の8割が不仲になる理由

私はかつて日本最大級のママさんサークルの代表を務めていたという話をしました。そのことがきっかけで、企業向けのマーケティングリサーチ会社を設立したのですが、自分自身夫婦問題に悩んでいた私は、あるとき、主婦の不満調査を実施しました。あくまでも表向きには企業向けのリサーチですから、寝室事情に関する突っ込んだ設問はできませんでしたが、姑問題、お受験問題といった想定内の答えとは別に、「夫との関係」という回答が私の予想以上に、寄せられたのです。

このとき私は、ああ、私と同じように夫婦仲で、それもセックスのことで悩んでいる妻は、思っている以上に多いのかもしれないと、漠然とではありますが感じたのです。その後、セミナーや講習会を通じて仲良くなったママ友達たちに、「夜は?」と、話を振ると、よくぞ聞いてくれましたとばかりに、セックスに関する不満や悩みが、口々に飛び出したのです。ママ友達グループと温泉旅行に出かけた夜など、ママたちはいっそう饒舌《じょうぜつ》になりました。マンネリ、倦怠期、そしてセックスレスの悩み……。聞いている私が恥ずかしくなるほど、赤裸々な不満話合戦がはじまります。ちなみに当時のママ友達は、バブル期に「3高」の男をゲットした、勝ち組の妻たちです。経済的にも裕福で、見た目もおしゃれで若々しくキレイ。傍《はた》からは幸せ妻にしか見えない彼女たちの、実に8割近くが、寝室事情に不満を抱えていたのです。

「子どもを産んでから一度もない」
「元カレのほうが断然上手だった」
「前にセックスしたのがいつかも忘れた」
「回数？　そんなの盆と正月よ」
「ダンナ様はヘタ。気持ちよくない」

負い目を見透かされないように、幸せを装っていたのは私だけじゃなかったんだ！　口に出しては言わないけれど、妻たちの多くがセックスに不満を持っているのではないかという漠然とした思い、そして自分自身の体験によって導き出された「セックスと夫婦仲は比例する」という私の仮説は、この時期からだんだん確信に変わっていったのです。

私が世の中のすべての妻たちと、これから妻になろうとしている女性に教えてあげたいことは、普通にやっていたら、８割の夫婦が不仲になるということです。

夫婦仲が悪くなる夫婦が、たとえば浮気といった致命的な失敗を犯しているわけではありません。当人たちは、ごくごく標準的でノーマルな夫婦生活を送っているつもりです。それでも、８割の夫婦の愛は、ときとともに風化していっているのです。

結婚して子どもを身ごもった途端に、夫から夜のお誘いがかからなくなるというのは、普通にあることです。妻は、「ま、どこの夫婦もそんなものだろう。夫も仕事で疲れているみたいだし、私も子育てで最近睡眠不足だし」と考えます。漠然とした不安があったとしても、「それでも周りの夫婦たちもみんな結構楽しそうに人生を送っているではないか」と、自分に言い聞かせます。

ここで前述した、私を含めたママ友達を思い出してください。一見幸せそうに見える妻たちの、果たして何人が、女としての喜びを享受しているのでしょうか？　女性ならばおわかりでしょうが、女性は誰もが生まれながらにしての女優です。簡単に言えば、見栄っぱりのウソつきです。気持ち良くもないのに、ベッドの上で迫真の演技を披露するように、幸せそうに見えるお隣の奥さんが、あなたの前では、必死で幸せな妻を演じているだけかもしれないのです。そして、その確率は非常に高いということです。

妻の座に胡坐をかいてはいけない

夫婦間の亀裂は何も、結婚してみたら、夫がギャンブル好きで借金が500万円あることが発覚したとか、夫が強烈なマザコンだとわかったとか、愛人が二人もいたといった、昼ドラのネタになりそうな大問題や大事件だけが原因ではありません。一般的で平均的な夫婦生活を送っているつもりでも、いつの間にか、夫婦の間には冷たい木枯らしが吹いているのです。木枯らしに吹かれても、いったいどこに問題があったのか見当がつきません。なぜって、妻たちは、ずっと「普通にやっていたつもり」なのです。

夫婦仲がうまくいかない原因は、実はものすごくシンプルです。

「努力が足りない」

この一言で片付く問題です。

年中、「お金がない」と愚痴をこぼす人がいます。お金がないなら、もっと働けばいいのです。労働が好きか嫌いかは別として、今よりも楽な暮らしや贅沢《ぜいたく》がしたいのなら、今よりももっと働く以外ありません。小学生でもわかる理屈です。この真理と同じくらいシンプルかつ単純に、夫婦仲の問題も、「努力」という2文字に集約されるのです。

結局は努力を怠っているから、夫婦仲はいつまでたっても改善されないのです。

努力を怠ってしまう最大の因子は、妻という立場に胡坐をかいてしまうことです。とかく世の夫たちは、「釣った魚にエサをやらない」と揶揄《やゆ》されますが、その言葉を借りれば、妻たちも「釣り人にはいい顔をしない」のです。

かつて、専業主婦になることが「永久就職」などと言われた時代がありましたが、これほど結婚や夫婦生活のスタイルが多様化した今でも、永久就職気分の妻たちは少なくありません。受け身の性である女性ならではだと思いますが、幸せは、ぜんぶ夫が運んできてくれるものだと思い込んでしまうのです。

結婚したからもうひと安心と、結婚をゴールかのように捉えてしまう慢心は、結婚するまでは、いい男をゲットするために、たゆまぬ努力を続けてきた女性たちでさえも、怠惰な生き物に変えてしまうのです。

結局のところ、妻たちは結婚生活や夫婦について、勉強不足なのです。

仕事でも趣味でも、初めてのことにチャレンジするときはいろいろと勉強してから臨みます。しかし、結婚に関しては、「周りもなんとかうまくやっているようだから、私も普通にやっていれば大丈夫」と、根拠のない安心感に首までどっぷり浸ってしまうのです。

妻たちは、自分の周りを見渡して、「みんなと同じように普通にやっていれば大丈夫」と錯覚しますが、それは、「赤信号みんなで渡ればコワくない」というジョークと一緒です。危機感がなくとも、実は赤信号ですから、事故に遭って当然なのです。自らの慢心と錯覚によって引き起こされた事故を、夫や環境や時代のせいにするのは、おカド違いというものです。

へたな夫婦喧嘩は崩壊の序曲

何事も上達するためには経験が大切で、夫婦喧嘩も、〝失敗と成功〟を根気よく積み重ねることで、テクニックとノウハウがブラッシュアップされていきます。とくに新婚時代には、お互いの性質や考え方を知るためにもどんどんやった方がいい。適度な喧嘩には、「ガス抜き効果」もあります。また、喧嘩のあとの「仲直りセックス」は、マンネリを解消して余りある最高のデザートに昇華するケースもたびたびです。

しかし、一般の夫婦を観察していて痛切に感じることは、びっくりするほど夫婦喧嘩が下手だということです。

喧嘩下手夫婦は2タイプに大別できます。

一つは、すぐに単なる罵り合い怒鳴り合いになって、喧嘩の目的が、「相手を口で言い負かすこと」に転じてしまうタイプ。とにかくキレやすいのが特徴で、夫か妻のどちらかがキレたら最後、まるで手負いの野犬のように、防御0：攻撃100のフルパワーで、徹底的に相手を傷つけ痛めつけようとします。夫婦喧嘩も、やんちゃな若い男性たちの殴り合いの喧嘩も、ある程度は〝慣れ〟の問題という基本は同じです。若い頃、実際に殴り合いの喧嘩をしたことのある男性たちは、どこを殴ったら大けがするとか、どこを殴られたらめちゃくちゃ痛い、といった実質的な痛みを身をもって知ることで、〝手加減〟というものを覚えていくと聞きます。しかし、今の夫婦はそれを知りません。「それを言うか⁉」と思うような心にグサグサくるような言葉や、任侠映画でしか聞いたことがないような汚い言葉を、平気で連発します。妻の顔は当然、鬼のごとし。様相は怪獣 vs.モンスターの死闘です。いつまで待っても、正義のヒーローは登場しません。お互いが傷つけ合い、精根尽きて倒れるそのときまで、延々と続きます。最悪のシナリオは、エスカレートして、ＤＶに発展することです。

二つ目のタイプは、そういった手加減知らずの互いが傷つけ合うだけの大喧嘩を避けるために、最初から夫婦喧嘩をしない夫婦です。あえて、口論になりそうな話題を避け、夫婦喧嘩を「寸止め」して、仲良しをキープしようとします。しかし、これは単なる仲良しのフリでしかありません。喧嘩を避けるために、話を遠まわしに言おうとして、結局何も夫に伝わらない。単に事態を保留しているだけですから、問題は一歩も進みません。後で手痛いしっぺ返しが待っています。

今の夫婦は、以上2タイプに二極化しています。この中間がない。不思議なことに、夫婦喧嘩になると、日本人の得意のはずの、「ほどほど」ができないのです。勝ち気で負けん気の強い妻は前者、おとなしくて口下手な妻は後者に。タイプは違えども、〝本質的な話ができない〟〝建設的な話ができない〟という点では、まったく一緒です。ですから、全力で互いを傷つけ合うタイプ1も、全力で争いを避けようとするタイプ2も、非常に後味が悪い。当然、喧嘩のあとの至極のデザートなんかありません。

妻たちは、喧嘩をするたびに、喧嘩になりそうな言葉を飲み込むたびに、マイナスのエネルギーをどんどん体の中に溜めていくのです。そして、体の中でパンパンに膨らんだマイナスのエネルギーは、やがて邪悪なエネルギーに変質していきます。

モンスターワイフ誕生前夜の光景です。

悲劇のヒロインから卒業しよう

諸外国の女性に比べて、日本女性は「忍耐力」に優れています。不幸な境遇に置かれた女性の〝耐え忍ぶ〟姿は、これまで数え切れないほどの、名作映画や名文学を生んできましたが、そうした文化的土壌からも、耐えることは、少なからず美徳として、私たち日本女性のDNAにインプットされています。そして、日本人の女性は、「妄想好き」です。いくつになっても夢見る少女の心を忘れません。いつか白馬の王子様が現れて、私をさらって行ってくれると、半分冗談で半分本気で思っていたりします。

日本人の妻たちは、不幸と直面したとき、「忍耐力」と「妄想好き」の二つの特色が絶妙に配合されて、自分を「悲劇のヒロイン」に見立てます。まるで韓流ドラマの中に出てきそうな、美しくも悲しい、悲劇のヒロイン像をつくり上げるのです。

自分を悲劇のヒロインに仕立て上げるのは、不幸に耐えるための、また、苦しさを軽減するためのある種の防衛システムだと私は考えています。これ自体に罪はない。しかし、私が懸念してやまないのは、悲劇のヒロインになればなるほど、気持ちが「待ち」の状態に入ってしまうことです。つまり、ただ耐え、ただ忍び、ただ悩み、ただ呪うだけで、幸せになるためには幸せになるためのアクションを起こさなければならないのだという当たり前の発想が、自分がつくり出した壮大な悲劇のヒロイン寓話によって、かき消されてしまう。

意地悪な継母《ままはは》とその連れ子にいじめぬかれたシンデレラが、王子様と結婚できたのは、もちろんその美貌も理由ですが、魔法使いが手助けをしてくれたからです。毒りんごで殺されそうになる白雪姫も7人の小人たちという赤の他人が一所懸命に助けてくれます。そして彼女もまた、雪のように白い肌、血のように赤い唇、黒檀《こくたん》のように黒い髪を持つ絶世の美女でした。

寓話と現実は違うのです。一般の妻たちは、王子様が一目惚れするほどの絵に描いたような美女でもないし、親身になって助けてくれる魔法使いも、森の仲間たちもいないのです。妻たちが、寓話から本当に学ぶべきは、寓話の世界で一発大逆転を決めるヒロインたちはみんな、どれほど状況が劣悪でも、「美しい心」を一時も失わなかったことです。

世の中に聖人君子などいません。人間ならば、誰もが多かれ少なかれ心の中にモンスターを何匹も飼っています。意地悪な気持ち、卑屈な気持ち、憎む気持ち、恨む気持ち、妬《ねた》む気持ち……。これらはすべて人間として当然の感情です。けれども、こうした負の感情を表に出すか出さないかが、大人の女性としての価値を左右するのです。

以前の私も、悲劇のヒロインそのものでした。お姫様たちと違ったのは、私の中には「美しい心」など微塵《みじん》も残っていなかったことです。今、冷静になって当時の自分を思い出せば思い出すほど、私は自分がいかにモンスターワイフであったかということがわかります。

自分がそうでしたから、私は何も偉そうに言う資格も資質もありません。けれども今、私が、日々幸せを実感しながら、恋人・夫婦仲相談所のすずね所長という役割に生きがいを感じているのは、かつてモンスターワイフだった過去の自分を「反面教師」として、2度目の結婚生活に生かそうと努めているからであることも、また事実なのです。

一つたしかなことは、私がそうであったように、妻が悲劇のヒロインである限り、妻は不幸から抜け出すことはできないということです。悲劇のヒロインの末路は悲劇でしかないのです。現実の夫婦生活には、親切な魔法使いも、森の仲間たちも、現れてはくれません。夫婦で解決し、夫婦が手に手を取り合って幸せの道を切り開いていくしかないのです。

夫婦問題に悩む妻が、今すぐにしなければならないことは、今までの妻としての自分を、女としての自分を、総点検してみることです。悩むことと考えることとは、根本的に違います。幸せを感じられない責任を夫一人に押しつける悲劇のヒロインは卒業してください。でなければ、自らのモンスター的要素に気づくこともできません。自分のモンスター的要素に気づけば、考えることができます。自分が今何をすべきかが見えてきます。それが夫婦仲改善の突破口になるのです。

第二章　モンスターワイフ大全

本章では、妻の心に巣食い、夫の愛を遠ざけ、本当の幸せを破壊してしまうモンスターたちを、ビジュアル系、メンタル系、セクシャル系、バイオレンス系の4つのタイプに分類し、体系化してその特徴をご紹介していきます。一種類でも思い当たる節があれば、モンスター予備軍の可能性が懸念されます。何よりも、妻本人が自身の異変に気づくことが大切で、「あれっ、ひょっとしたら私、モンスター化しかかっているかも?」と、自分で気がつけば、モンスターが産声を上げる前に自力で食い止めることができます。ただし、モンスターは複合する確率が高い傾向があり、人によっては、5つも6つも思い当たるモンスターを発見することになるかもしれません。その場合も、まずは自分の今の状態を冷静に受け止めることが重要です。そして、そうなった原因を落ち着いて考えてみること。原因がわかれば、対処法も考えられます。一番危険なのは、妻本人がモンスターであることに気がついていない状態なのです。繰り返しになりますが、自分を変えるための第一歩が〝気づき〟です。気づきのヒント集としてご活用いただければ幸いです。

●ビジュアル系モンスター

スッピン姫（すっぴんひめ）／オバチャン類：怠慢目：スッピン科

　お肌に自信のある20代前半までの女性ならともかく、三十路《みそじ》を越してからのスッピンは、妻の怠慢以外の何物でもありません。「育児に追われてお化粧をする暇がない」というのは、単なる言い訳にすぎません。美意識にも品性にも欠けます。外出時（近所にお買い物も含む）はもちろん、家の中でもちゃんとお化粧をすることを習慣化しましょう。美しくあろうとする努力は、妻として当たり前の嗜《たしな》みです。郊外に行くほどスッピン率が高くなる傾向あり。

ムダ毛ボーボー（むだげぼーぼー）／オバチャン類：無神経目：ムダ毛科

　ムダ毛のお手入れがいい加減になってしまうと、オバチャン化にまっしぐらです。ムダ毛は、夫のヤル気を消滅させる天敵です。「どうせ今日はセックスしないし」など、裸を夫に見られないことを前提とするのではなく、ボディのメンテナンスを怠る無神経さこそが、夫から性的対象として見られなくなっていく大きな要因であるという認識を持つことが大切です。夫婦の間に、男女の緊張感がなくなることは、そのまま「セックスの老化」に直結します。言うまでもありませんが、ムダ毛を処理している現場を絶対に夫に見せないことは鉄則です。昔話の「鶴の恩返し」では、機織《はたお》りを見られた鶴の方が飛んでいきますが、ムダ毛の処理は、それを見た夫の性欲が飛んでいきます。

どこでもジャージ（どこでもじゃーじ）／オバチャン類：楽チン目：ジャージ科

妻の行動基準の中に、「楽だから」というフレーズが入ってくると、それはオバチャン化の予兆か、すでにオバチャン化している可能性が高い。お腹まわりを「楽」にしてしまうことは、お腹のお肉の増殖も自由にするため、デブ系モンスターに一直線です。そもそもジャージはスポーツするときの衣服であり、普段着でもなければ寝巻きでもないのです。色気などあったものじゃない。郊外に行くと、ジャージ姿で外出している若いカップルを頻繁に見かけますが、若気の至りを差し引いても、みっともない。いい大人の女性のジャージ姿となると、もはや見るに堪《た》えない。ジャージ姿でのエッチのおねだりなど、良識ある妻なら、ありえない行為です。

三段バーバラ（さんだんばーばら）／オバチャン類：食べすぎ目：デブ科

元々細めの女性であっても、出産すると、お腹のお肉が増え、なおかつ緩《ゆる》みます。出産直後は仕方のないことですが、出産半年後までをタイムリミットとして、可能な限り元の体型に戻す努力をしましょう。放ったらかしにしていると、2年も経たないうちにセクシーさとは対極の体型になってしまいます。寝室事情が、セックスレス気味になってくると、満たされない性欲の代償行為として、どうしても食欲に走ってしまう傾向が非常に高まりますが、それは自滅の道以外の何物でもないと心得ましょう。「出産してから太りやすい体質になった」というのは詭弁《きべん》です。食べるから太るのです。とくにスナック菓子は、デブ系モンスターの大好物です。なるべく目の前から遠ざけておきましょう。

汚尻（おしり）／オバチャン類：お手入れ不行き届き目：ブツブツ科

スキンケアに余念のない妻でも、うっかり見落としがちなのがお尻。人間はどうしても自分の目に見える範囲ばかりに気を取られがちですが、セックスでは、全身が夫の視線にさらされるということを忘れてはいけません。今すぐ自分のお尻を鏡でチェックしましょう。赤色や褐色のブツブツはありませんか？　ダイエットブームの今、女性はお尻の大きさや形には敏感なのですが、お尻のお肌の調子には、意外と目を光らせていません。男性の下半身はとてもデリケート。お尻のブツブツが目に入ると、急速に性欲が失せてしまいます。お顔のスキンケアと同じくらい、お尻にも気を使ってあげましょう。

閉じずの股（とじずのまた）／オバチャン類：油断目：パカパカ科

電車などで女性観察をしていると、スカートを穿《は》いているのに、膝が閉じていない女性がやたらと目につきます。〝若くて美しい女性がうたた寝をしてつい〟というパターンであれば、一部の男性の目の保養になることもあるでしょうが、スカート姿で膝が開いているのは、羞恥心、品格、女性らしさの欠如です。目の保養と書きましたが、それはあくまでも〝日常におけるハプニング的エロ〟というジャンルであり、愛する女性に対するエロスとはまったくの別モノです。男性は、基本的に、パートナーの女性には、貞淑や清楚といった保守的な資質を求めます。その大前提があってはじめて、貞淑や清楚といった理性でガードされた肉体を我がものにしたいという欲望を喚起させるのです。閉じられているからこそ開けたいと思う。最初から開いている股に、本当の意味でのエロスは存在しないのです。今回、周囲の男性にも確かめてみましたが、オス度の高い男性ほど、私と同意見でした。ある男性の「パンツルックなのに、ちゃんと膝をピタッと閉じて座っている女性を見るとたまらなくそそられる」という話には、思わず膝を打ちました。夫の前でも、いえ夫の前でこそ、ピタッと膝は閉じましょう。それが〝女を忘れない〟ということです。

楽だからショート（らくだからしょーと）／オバチャン類：楽チン目：短髪科

結婚前まではロングヘアだったのに、育児がはじまると、途端に「楽だから」と、髪の毛をバッサリ切ってショートヘアにしてしまう妻がいます。いかがなものでしょうか。結婚前はロングヘアだったということは、自分でも長い髪が気に入っていたはずだし、夫も妻の長い髪が好きだったはずです。「髪は女の命」などと前時代的なことを言っているのではありません。どれほど夫の気持ちや意見を尊重しているのかという点を問題にしているのです。女性の長い髪が好きな男性には、好きな理由がちゃんとあります。ロングヘアを指でかきあげるときの色っぽい仕草であり、セックスのときに乱れる長髪の景色であり、もっと言えば、フェラチオのときに男性の股間をサワサワと心地よく刺激するアイテムとして、夫は妻の長い髪を愛していたのです。しかし、多くの妻たちは、夫が髪の毛を切ることに難色を示したとしても、「だってウザいんだもん。もう決めたから」と、夫の意向を無視します。「自分の髪の毛なんだから、どうしようと勝手でしょ」という、エゴイズムはとてもモンスター的です。

●メンタル系モンスター

カバン荒らし（かばんあらし）／嫉妬類：猜疑心目：チェック魔科

なんの罪悪感も持たずに、夫のカバンを細かくチェック。隠し事の有無にかかわらず、人の個人的な持ち物を検査する権利など、誰にもないというモラルが喪失したモンスター。この手の妻に限って、自分の持ち物をチェックされることを非常に嫌がる。「自分がされたらイヤなことは、相手にもしてはいけない」という子どもでもわかる理屈を、屁理屈で押し切る高い攻撃性を有していることもしばしば。万が一、夫のカバンの中から、キャバクラ嬢の名刺でも出てこようものなら、一瞬にして凶暴化するのも特徴。

携帯のぞき（けいたいのぞき）／嫉妬類：猜疑心目：盗み見科

大量発生中。今や、一般的な妻の二人に一人が、このモンスターによって人間の心を乗っ取られていると言っても過言ではない。この場合の人間の心とは、罪悪感、道徳観、信頼感を指す。〝ウソつきは泥棒のはじまり〟ということわざが教えるのは、大罪も最初は些細《ささい》で小さな罪に端を発するということですが、携帯の盗み見なんて別に誰でもやってることだし、たいした問題じゃないと高を括ることは、夫婦の信頼関係を根底から覆す発端であり、つまりは、妻たちが大罪と断じる夫の浮気と等価の罪であることを知らなければならないで

しょう。浮気も携帯の盗み見も、相手への裏切り行為であることになんら違いはなく、心の傷付き度合いが、小であるか大であるかは、本人が決めるものではなく相手の問題であるという、当たり前の判断ができなくなっているところが、モンスターに心を牛耳られている証です。夫の携帯をこっそりと盗み見している、その醜い姿をぜひとも客観的にイメージしてみてください。

ティッシュ嗅ぎ（てぃっしゅかぎ）／嫉妬類：性の無知目：チェック魔科

セックスレスに悶々とする妻たちに忍び寄るモンスターの一種。夫が一人でマスターベーションをしていないかどうかを確かめるために、夫が仕事に出た途端、パソコン部屋のごみ箱を漁って、丸まったティッシュを手当たり次第にクンクン嗅ぎまわる。もしも、ティッシュから若草の匂いがしようものなら、形相は般若と化し、ぶつけようにもどこにもぶつけられない怨嗟《えんさ》の感情をむき出しにする。同じ女性として、ああ、このモンスターにだけはなりたくないと痛切に思います。

グラドル夜叉（ぐらどるやしゃ）／嫉妬類：コンプレックス目：敵対科

ティッシュ嗅ぎと同じカテゴリーに属するモンスター。夫の読む週刊誌に出ているグラビアアイドル、夫が隠しているアダルトDVDに出演しているAV女優、夫がニヤケ顔で見ているCMタレント、果ては道端ですれ違う見知らぬ若い女性にまで、敵意と嫉妬をむき出しにするのが特徴。自分の老いに過剰なコンプレックスを持つ30代以上の妻たちに出現率が高い。とにかく若くてキレイなオネエチャンが大っきらいで、夫婦で一緒に歩いているとき、もしも夫が若いオネエチャンの胸やお尻を目で追っかけたりしようものなら、一瞬で不機嫌に。「若いコだったら誰でもいいんでしょ。悪かったわね、オバサンで」などと皮肉を言いながらも、内心はコンプレックスに押し潰されそうになっている。若さへの嫉妬は、女性を醜く変える代表選手。

妄想暴走族（もうそうぼうそうぞく）／ネガティブ類：被害妄想目：暴走科

妄想モンスターは女の影にとても敏感。たとえば、夫の携帯メールに届いた「明日は夕方の5時に○○でお待ちしています　柳本かおり」というメール一本で、妄想は暴走を開始。「かおりって誰!?」「浮気相手!?」「まさか二人で食事して、その後ホテルにでも行くつもり?」「ホテルでかおりって女と何するの?」「ウソッ、信じられない。キーーーーッ」。

たった一行のメールで、ここまで10秒とかからず一気にストーリーをつくり上げます。柳本かおりさんは、夫の部下かもしれないのに。思い込みの激しさもこのモンスターのやっかいな特性の一つ。一度脳裏に照射された妄想が、限りなく現実の出来事のように思えてしまうことが、妻を追い詰め、妄想による妻のヒステリーや鬱に夫は苦しめられるのです。気になることがあれば、悪い妄想を膨らませる前に、普通のテンションで夫と会話をしましょう。

つもり満点妻（つもりまんてんづま）／幸せのフリ類：勘違い目：ニセモノ科

自信はないよりもあるに越したことはありませんが、「自分は完璧」と思い込んでいる妻に限って、夫婦にとって大切なことをボロボロ見落としているものです。理想の妻になるために、完璧を目指す妻たちは少なくありません。夫のために美しくあろうと、定期的にエステや美容院に通い、ダンス系のカルチャースクールでプロポーションに磨きをかけ、ファッション誌を熱心に読み漁ります。家事も完璧を目指し、お料理教室に通い、お掃除もがんばるし、子どもの知育やしつけにも熱心。セックスだって、夫のためにさまざまなハウツー本を読んで研究します。一見完璧に見えます。けれども、現実には彼女たちの思うように事は運びません。もしも、非の打ちどころのないほど完璧なら、逆に夫は息が詰まってしまうでしょう。大概は、完璧と思っているのは妻だけで、実際は夫の望む妻像ではないことが、うまくいかない理由です。ひょっとしたら夫は、週に一度エステに通う時間とお金があるなら、一緒に外食デートを楽しみたいと思っているかもしれない。お料理教室で習ってきたエスニック料理よりも、筑前煮が食べたいと思っているかもしれない。積極的で大胆なセックスを身につけた代わりに、男性の興奮要素には欠かせない羞恥心とのバランスが崩れている可能性もあります。夫にとってやっかいなのは、完璧という自負があるがゆえに、うまくいかない責任をすべて夫に転嫁することです。努力するのは素晴らしいことですが、自分の理想だけで突き進むと、夫が思う妻の理想像から離れていくこともあります。ご注意を。

セレブ憑き（せれぶづき）／幸せのフリ類：自意識過剰目：見栄っぱり科

女性と男性のプライドは少々異なります。相対的に、女性は異性よりも同性に対して虚栄心を出しやすい傾向にある。女には負けたくない。その気持ちは、近所の奥様グループや、学生時代からの友人など、親しい間柄ほど強く出てくるものです。妻たちは、幸せを装います。虚虚実実な騙し合いとはいえ、会話もないのに「家の中は笑いで溢れてて」とか、セックスレスなのに「私たち今でもラブラブなの」という嘘八百はさすがに言いづらい。ではどう演じるか？　もっとも多いパターンが、〝経済的に不自由していない私〟です。無理をして高級ブランド品で完全武装するのは定番中の定番ですが、もっと進化すると、会員制の高級スパに入会したり、庶民には不釣り合いなパーティーやイベントなどにせっせと出かけて、プチセレブのまねごとに躍起になったりします。ダイレクトにしわ寄せがいくのが夫です。お小遣いを減らされたりします。借金をしてまでプチセレブを続けようとするボスキャラもいらっしゃいます。何かに憑かれたように、幸せのフリをすることに振り回されるのです。心しなければならないのは、幸せなフリは、すればするほど、心が荒《すさ》んでいくということです。惨めな自分に気がついても、モンスターである限りやめられません。結果的にとことんまで惨めになるのです。幸せなフリは、本当の幸せに背を向けて走っているようなものなのです。

イライラ虫（いらいらむし）／ネガティブ類：情緒不安定目：不機嫌科

このモンスターが悪質なのは、あえて〝不機嫌な私〟を、夫に見せつける点にあります。「なんで不機嫌なのかって？　それを考えるのが夫の役目じゃないの？」とでも言わんばかりに、つねに眉間にしわを寄せて、聞こえよがしにブツブツ文句を言ったりします。単なる子どもです。夫に甘えているだけ。この女性心理は理解できなくもありませんが、夫は、いつも眉間にしわを寄せている妻が、まさか自分に甘えているなどとは思いもよりません。男性は、言葉でちゃんと言ってもらわないと伝わらないのです。気持ちが夫に伝わらないことに、妻は余計にイライラし、モンスターレベルがアップしていきます。わかりやすい悪循環です。「でも私って、甘えるのが苦手な人だし」では何も進展しません。まずは、ついイライラしてしまう弱い自分に打《う》ち克《か》つ努力からはじめましょう。

夜泣き婆（よなきばばあ）／ネガティブ類：悲劇のヒロイン目：メソメソ科

どれほど応援しても、夫婦仲がまったく改善されない妻たちがいます。彼女たちの一つの特徴が、とにかくメソメソしていてすぐに泣くことです。男性は女性の涙にめっぽう弱い生き物ですが、それは、いざというときにとっておいた涙であって、四六時中メソメソされていたのでは、夫もたまったもんじゃありません。涙は人の心を浄化させてくれる効果があります。泣けばだいたいスッキリする。スッキリして、冷静になって考えて、次の行動に移す。それが普通です。けれども、このモンスターは、いつまでもいつまでも泣き暮れるのです。「この世の中で、私ほど不幸な女はいないわ」と、不幸な自分に浸ります。それは結局、思考停止なのです。しんどくても、辛くても、〝考えて行動する〟という、当たり前の状態に自力で戻さない限り、夫婦仲は悪化するだけです。

恨ミーナ（うらみーな）／ネガティブ類：粘着質目：怨嗟科

一度悪くなった夫婦仲を、良い方向に向けることができない理由の一つに、妻の〝性格が粘着質〟というのがあげられます。一度犯した夫の罪を、夫がどれほど反省していようが、どれほど新たなスタートに向けて一歩を踏み出そうと努力していようが、いつまでも引きずって、許そうとしないのが、このモンスターの特徴です。夫の浮気など、なかなか許せるものではありません。けれども前に進もうと思うのなら、夫の改心を冷静に評価してあげて、許せない気持ちは胸の中にしまっておかなければいけないのです。もしも、夫の犯した罪が「死ぬまで忘れることなんかできない」というのなら、離婚すべきです。「許せないけれど、離婚をするつもりもない」というのが、一番中途半端です。「すぐには許せないけれど、離婚はしない」と一度決めたのなら、きっぱりと恨み節はやめましょう。ネチネチといつまでも恨み節を言われれば、夫の「もう一度やり直そう」という思いまで、腐ってしまいます。ちなみに姉妹モンスターには、〝**皮肉リーナ**〟がいます。こっちも相当に粘着質なタイプのモンスターです。恨みタラタラ、皮肉チクチク。この強力タッグに責められたら、夫に居場所はなくなってしまいます。

妬ミーナ（ねたみーな）／ネガティブ類：比較目：妬み科

つい他人と自分を比較してしまうのは、誰にも覚えがあること。ただこれも度を超えると、迷惑なモンスターに育ちます。何かというとすぐに、隣の奥さんや子どものママ友達、あるいはテレビで観た有名人の生活レベルと、今の自分を見比べて、妬んだり、羨《うらや》ましがったり、卑下したりと、大騒ぎする妻たちのことです。他人と自分を比較して、どっちが幸せかなどと優劣をつけることは無意味です。幸せを感じるために大切なことは、無理な背伸びをしないことです。いきなり天使が現れて幸福をプレゼントしてくれるようなサプライズなどないのです。まずは夫婦で協力して身の丈に合った生活基盤としての足元を固めることが、次のステップ（今以上の幸福）に進むための最低条件だという現実的な認識を持ってください。上を見ても下を見てもきりがない。今を受け入れ、夫婦が互いの価値観を認め合いながらオリジナルのライフスタイルを模索すること。遠回りに感じたり、険しい道になることもあるでしょう。けれどもそれ以外に、幸福へ続く道などないのです。

育児天狗（いくじてんぐ）／母性類：育児夢中目：ダンナ放置科

子どもは宝物であると同時に、天才的なトラブルメーカーでもあります。悩みの種は尽きません。とくに、初めての子育ては、何から何まで初体験の連続ですから、子どものことで頭の中がいっぱいになってしまうということもしばしばです。けれども、夫を放ったらかしにする状況を慢性化させてはいけません。「育児が大変なんだから、ちょっとくらいがまんしてよ」という言葉がつい口をついて出てくるのはある程度仕方のないことかもしれませんが、〝育児〟を楯に、自分を正当化してはいけません。産んだからには責任を持って子どもを育てるのは母親の務めですが、結婚したからにはちゃんと夫を支えるのも妻の務めなのです。どちらも同じように大切なことだということを、一瞬たりとも忘れてはいけないのです。育児に気を取られて、肝心の夫婦の絆《きずな》が崩壊していった事例を私は数限りなく見てきました。育児天狗になってはいけません。

耳なし（みみなし）／未成熟類：自己チュー目：聞く耳持たず科

夫の意見は右から左。話の主語はつねに〝私〟で、「私はこんなにがんばっているのに」

「私がこんなに苦しんでいるのに」というセリフを得意とし、自分の気持ちを一方的にしゃべり倒す。「何で夫なのに私のことをわかってくれないの？」という思いが強いため、当の本人は「妻なのに夫の気持ちや性質をまったく理解していない」という逆説の真理にまったく気づいていない。〝支え合って生きる〟という夫婦の尊さの原則には、互いの理解が必要で、そのためにコミュニケーションの質を高めていくことが必要だが、耳なしモンスターは、一方的に自分の思いを伝えることで、「コミュニケーションはちゃんととっているのに何で？」と誤解したり、自分の気持ちが伝わらないことを、一方的に夫のせいにしたりす

る。コミュニケーション能力が子どもレベルのモンスター。

仕切り鬼（しきりおに）／鬼嫁類：自己チュー目：仕切り科

夫の意見などお構いなし。なんでも自分が決めないと気が済まないモンスター。妻もしくは母という冠を頭に乗せた途端に、権力を振りかざして、家の中のことを全部自分で仕切るようになる妻がいます。妻たちにその理由を聞いてみると、「だって夫が頼りないから」。頼りがいがあると思って結婚したら、実はそうでもなくてガッカリということは往々にしてあるでしょう。しかし、私は思うのです。妻たちには夫を「頼りがいのある男性」に育てようという発想はないのかと。仕切り鬼は、夫が頼りがいのある男性に育つ伸び代をバッサリと切り捨ててしまうのです。互いに人間として成長していくことは、夫婦の喜びの一つです。夫に相談もなしにどんどん物事を決めてしまうのは、〝夫を立てる〟ことからも外れていますし、夫の成長に蓋をしてしまうような妻の態度は、夫婦の喜びを奪います。

●セクシャル系モンスター

エロゾンビ（えろぞんび）／欲求不満類：遅咲き目：淫乱科

子育てがひと段落すると、ほとんど消えかかっていると思っていた性欲が、急にカラダの奥から湧きあがってくる妻たちがいます。喜ばしいことなのですが、ある日突然ゾンビのように息を吹き返した妻の性欲に、夫たちはしばしば戸惑います。多くの場合、蘇った性欲は、以前のそれよりも強力になっていることが多いのです。妻の変化を、夫が喜んで受け入れてくれれば何の問題もありません。けれども、現実は、受け入れてくれる夫は少数派です。なぜなら、セックスレスの状態が続くうち、夫は次第に妻を性的対象として見なくなるからです。口には出しませんが、「気持ち悪い」とさえ感じる夫もいます。セックスレス問題が深刻なのは、一度すれ違ってしまった性欲は、そう簡単には復元されないことにあります。感覚は理性に支配されません。どんなに高級な料理と説明されても、美味しくないものは美味しくないというのと一緒で、性的対象ではなくなった妻に、もう一度興奮しろと言われても、夫は困るしかない。こうならないためにも、出産や育児などを理由に、セックスを中断してはいけないのです。

ダイダラボッキ（だいだらぼっき）／欲求不満類：遅咲き目：勃起強制科

セックスを拒まれたエロゾンビは、ダイダラボッキに進化します。勃たない夫を、なんとかして勃たせようと、あの手この手を繰り出して、夫をさらに困惑の淵に追い込みます。さかんに〝愛〟という言葉を口にしますが、実はこのモンスターは、巨大に膨らんだ妻の性欲の化身です。日本各地に伝わる巨人伝説として知られる〝ダイダラボッチ〟になぞらえてこう命名しました。一所懸命にがんばっても、夫の下半身が元気にならないと見るや、それまでの猫なで声とは一変、「なんで勃たないのよ！」と怒り狂います。とってつけたようなセクシー下着、強壮剤の強制投薬、必死の形相でのフェラチオ……。やることなすこと夫にとっては恐怖にしか映りません。そして決まって捨てゼリフは「もう、私を愛してないのね！」。今もどこかで夫たちは震え上がっています。他にも、夫に徹底奉仕を強要する〝**イカせてオバサン**〟や、とにかくペニスの挿入のことしか頭にない〝**イレテ婆**〟など類似モンスター多数存在。いずれも、愛や癒しとは真逆の、ただ肉欲に支配された惨めな妻のなれの果てである点で共通しています。

カマトト狐（かまととぎつね）／カマトト類：カマトト目：カマトト科

男性の気を引こうと、ウブを装うのがカマトトですが、ベッドの上でまでカマトトだと、夫はセックスがつまらなくなります。恥ずかしがってみせたり、経験が少ないような態度を取ることは、ある種のテクニックには違いありませんが、そのテクニックはあくまでも初期段階で有効な手段です。愛を育てるように、セックスも育っていかなければ楽しくありません。何よりも大切なのは「育てよう」という意識です。夫から、「ちょっと縛ってみたいんだけど、いいかな？」とか「今度、コスプレしてくれない？」といった新たな提案が出たときは、なるべく夫の希望を叶えてあげるようにして、一緒に楽しみましょう。そうすれば、いつまでもセックスフルなハッピー妻になれます。反対に、「イヤだ」「恥ずかしい」と、何でもかんでも拒絶していると、セックスは育ちません。それは義務的セックスのはじまりであり、セックスの終わりにつながります。エッチな女だと思われたくないと、いつまでもカマトトを気取っていると、女の幸せを知らずに一生を終えることにもなりかねません。

冷凍マグロ（れいとうまぐろ）／未成熟類：男まかせ目：無反応科

セックスは男性ががんばるものという固定観念に縛られ、ベッドの上で固まったようにほとんど最初から最後までほぼ無反応な、世にも恐ろしいモンスター。決して不感症という意味ではありません。セックスのすべてを夫まかせにして、「なんで女の私が何かしてあげなきゃいけないの？」と、ふてぶてしいまでに非協力的な態度を貫く妻を指しています。説明するまでもありませんが、互いが「相手にも気持ち良くなって欲しい」という優しい気持ちを持って、自発的に協力し合うからこそ、単なる快感だけではなく、癒しや幸福感も感じることができるのです。セックスに積極的になる、というとすぐにAV女優のテクニックや風俗嬢のサービスをイメージして「私はそんな安っぽい女じゃない」などと、嫌悪する妻が少なくありませんが、固定観念に縛られていること自体が、モンスター的です。凍りついた頭とカラダを溶かして、自由にのびのびとセックスを楽しみましょう。

エロの邪鬼（えろのじゃく）／未成熟類：自己チュー目：ひねくれ科

天の邪鬼は、なんでも人とは反対のことを言ったりしたりするひねくれ者の妖怪ですが、自分の性欲に蓋をして、気持ちとは反対の行動をとってしまうのがエロの邪鬼です。閉鎖的なセックス観や、セックスに対する過度な禁忌感がその根源。セックスは汚らしくて卑しい行為だという偏見や、セックスで我を忘れるほど気持ち良くなったり、女性の方からセックスの話をするのははしたないことだといった誤解によって、セックスからおおらかな自由を奪ってしまう恐ろしいモンスターです。

一人エッチ知らず（ひとりえっちしらず）／未成熟類：偏見目：マスターベーション未経験科

マスターベーションをしない妻は、モンスター化しやすい傾向があります。マスターベーションをしないということは、自分の性とちゃんと向き合っていないということです。それは自分を知らないということでもあるし、夫の性を理解するうえでも大きなハンディキャップになるのです。また性の無知は、巷に溢れる玉石混交のセックス情報の中から、誤った情報選択をしてしまう原因にもなります。とくに、「男とは不潔でいやらしい生き物だ」といった男性への不信感を、愛する夫にまで飛び火させている妻たちを見るにつけ、とても残念なことだと思わずにはいられません。男性はスケベな生き物であり、女性もまた男性に負けないくらいスケベな生き物であるという、ありのままの事実を、素直な気持ちで受け入れてください。

●バイオレンス系モンスター

鬼子怒神（きしどじん）／鬼母類：ヒステリー目：怒鳴り科

電車の中やスーパーなどで、ヒステリックなキーキー声で我が子を怒鳴りつけるママにたびたび遭遇します。モンスターの多くは、人前にはなかなか姿を現さないものですが、鬼子怒神は、公共の場でその醜態を露《あらわ》にする数少ないモンスターの一つです。このモンスターは、妻から理性を完全に奪い去ります。泣きわめく子どもに余計に激怒して、ますますヒステリックになり、最終的には子どもを殴りつけることもあります。妻には、横で小さくなっている夫の姿など目に入っていません。このモンスターの邪悪性は、一度でも出現すると、その後どんどんキレやすくなり、日常会話レベルですら、怒気が混じるようになることです。周囲はつねにビクビク。当然、寝室事情も悪化していきます。

修羅婆（しゅらばあ）／凶暴類：バイオレンス目：修羅場科

夫の携帯に届いた女性名のメールに、「私は○○の妻ですが、あなたはどちら様？」などと勝手に返信したり、夫を尾行して浮気現場に乗り込むなど、埋まっている地雷をぜんぶ踏みつけながら歩く超ヤバいモンスター。攻撃性は非常に高いものの、一方で理性はゼロに等しく計画性を持たないため、自ら修羅場をつくり上げておきながら、女の戦いに勝利する確率は、極めて低い。後先も勝算も夫の社会的立場も考慮しないため、夫婦関係はもとより、周囲の人間関係まで壊滅状態にさせることもしばしば。また、メンタル系モンスターと複合するケースが多く、修羅場をかろうじて乗り切った後も、夫は苦しめられ続ける。

大噴火（だいふんか）／制御不能類：ヒステリー目：いきなり科

複数のメンタル系モンスターの集合体を前身として、妻の体内に溜まりに溜まった、ネガティブエネルギーが臨界点を超え、ある日いきなり大爆発を起こして登場。新婚時代にはたしかにあった優しい妻の面影は完全に消え去り、手のつけようもない大惨事を引き起こす。得意技は、ヒステリックで高音域の罵詈雑言《ばりぞうごん》と、夫への暴力。多くの場合、家事放棄もワンセットに。事態が収拾した後も、夫はいつなんどき大噴火するかわからない活火山に毎日怯《おび》えて暮らすことに。醜態をさらしてなお、悩みや心配事を溜めてはいけないという教訓が、妻の耳に届くことはありません。

あなたは何モンスター？

どうでしたか？　思い当たるモンスターはいましたか？　該当するモンスターがいなかったからといっても安心するのは早すぎます。なぜなら、今回紹介したモンスターはごくごく一部にすぎないからです。モンスターはまだまだうじゃうじゃいます。

そこで、自分を知る手段としてオススメなのが、自分で自分のモンスター名を命名してみることです。たとえば、〝夫の前で平気でお尻をボリボリ掻く〟モンスターとか、〝携帯メールに夢中になっているときは、夫が話しかけてきても無視〟モンスターとか、〝結婚して10年経つのに、ぜんぜんお料理が上手にならないけど、それが何か？〟モンスターとか、〝フェラチオのとき、いつもペニスに歯が当たっちゃって夫が痛がるけど、それが何か？〟モンスターといった具合。長いネーミングになっても構いません。この際、思い当たるモンスター名を、洗いざらい書き出すくらいのつもりで、自分の中の〝イヤな女〟の部分を総点検してみてください。自分を変えられないのは、短所や弱点の輪郭がおぼろげだからです。漠然としているから結局、「わかってるけど、それも私の性格だし、性格ってそんなに簡単に直るものでもないし」という安易な開き直りになってしまう。モンスター名を付けることで、短所や弱点の実態をより具体的なものとして認識できると、「こういう所を直すのはちょっと時間がかかりそうだけど、ここだったら少し気をつけるだけで、今すぐやめられるかも」と、種類やレベル別に線引きができるようになります。

深刻に考えず、ゲーム感覚で気楽にモンスター名を命名してみてください。コツはなるべく客観的になること。自分と夫の立場を逆転させて、自分が夫になったつもりになれたらベストです。きっと、今まで見えてこなかった自分の姿を発見できるはずです。

第三章　モンスターワイフからの手紙

本章では、恋人・夫婦仲相談所に実際に届いた、妻たちからの相談メールを紹介します。トラブルの渦中にいる妻たちの、本人が気づいていないモンスター的行動や要素を、第三者の目で抽出していくことで、現実に生きる妻であれば、誰もが持っているであろう〝モンスター的精神性〟に気づいていただくことが目的です。生々しい臨場感を体感していただくために、なるべく原文に手を加えない状態で掲載しています。彼女たちの身に起こっていることは、決して対岸の火事ではありません。胸に手を当ててお読みください。

ケース1

「自虐系携帯盗み見モンスター」

うさぎさん（34歳）

携帯の盗み見で、夫の浮気を知った妻の事例です。ちなみに相談メールはすべて携帯メールによるもの。これだけの文字数を親指入力することに妻の執念を感じます……。

（相談メール・1回目）

初めまして。5歳と1歳の娘がいます。3ヵ月前、普段はメールをほとんどしない夫が、何やら夢中に打っていたり、帰宅が遅くなることが増えたのを不審に思い、がまんできずに主人の寝ている間に携帯を見たら、出会い系サイトで知り合った女性とエッチしたことが書いてありました。主人に聞いてみると、携帯を見たことを責められましたが、「あなたこそ、見られて困るようなことをしてるのに、何で私が怒ら

※1　2007年12月にネットエイジアが行った、「恋人や夫婦間の携帯メールの盗み見に関する調査」では、恋人や配偶者の携帯電話を、「無断で見たことがあるか」との質問に対し、「YES」は、男性の21％に対して女性は39・8％。携帯の盗み見率は、女性の方が2倍も高い。女性は年代が上がるほど盗み

れなきゃならないの⁉」と私は猛烈に怒り、「離婚するから」[※2]と子どもを連れて家を飛び出し実家に転がり込みました。私の中では、夫婦になった以上はお互いに貞操を守り慎み深くいるのは当然であり最低限のルール[※3]だと信じていたのでそのときは本当に目の前が真っ暗になりました。その後の話し合いで、夫が他の女に走ったのは、〝私が子どものことにかかりきりで自分を相手にしてくれてないのがイヤだった〟ことと、〝私が夫の趣味の野球を快く思ってくれてないことへの不満〟が原因だったとわかりました。そして夫は、「相手の女性には愛情はなく一時的なことだったから、もう絶対浮ついたことはしない」と謝りました。私も子どものこともあるので、火を飲む思いでそれを受け入れました。そして私も、「あなたを信じているから、携帯はもう見ない」と約束しました。なるべく夫にかまうように努力しようとしました。でも、浮気のショックが尾を引いているのと、元来甘え下手な性格が災いして、十分夫を満たしてあげられていな

見率が高くなる傾向も。愛する夫を信じられない妻が、いかに多いかが透けて見えます。妻たちは「夫が信用できない」と言いますが、「信用しようとしない」ことが、モンスター的心理を覚醒させるのです。

※2　怒りのあまり、冷静さを失い、極端な行動に走るのはモンスターワイフの特徴です。怒りにまかせた唐突な離婚宣言や家出は、夫を戸惑わせるだけですし、取り返しのつかないことになりかねません。

※3　ルールとは、夫婦お互いが了解してはじめて成立するものです。得てして社会的常識や道徳観といったものは、人によってバラバラだったりするもの。私がこう思っているから夫も同じように思っているはずという勝手な思い込みは禁物です。

かったと思います。もどかしく感じていたら、半月前から、夫がまた携帯を見ている時間が増えてきて、すごく心配になり、がまんしようにもどうにも不安で、とうとうまた夫の携帯を盗み見してしまいました。[※4]そこには、女性が自慰している局部が画像添付されたメールが届いていました。履歴を調べたら、お互いに何度も返信を繰り返したのがわかりました。またかと……泣けてきました。[※5]だけど、携帯を見ないと約束した手前、おおっぴらに怒るわけにもいかないし、かといってがまんしていることも辛いです。主人が不潔に思えるし、薄情に思えます。こんなことで憂慮させられる自分が不幸に感じます。こんなことを繰り返されるくらいなら別れたほうがいいと思うけれど、こうなったのには私の在り方・考え方も起因していると思うのですが、[※6]どうしたらいいのか途方にくれています。

※4　悪いこととは知りながら、万引きをやめられない人がいますが、携帯の盗み見も、ある種の病気と言えるかもしれません。あれこれ理由をつけてみたところで、妻が携帯を盗み見する限り、理性的な話し合いの場を持つことは難しくなります。

※5　モンスターワイフは、とにかくすぐに泣きます。男性は泣く女が大の苦手です。「勘弁してくれよ」と思います。それは、泣いて感情的になった女性とは、会話が成立しないことを知っているからです。

※6　妻としてのいたらなさに気づいているのなら、それを直すように行動すればいいだけなのに、ただただ途方にくれるだけで結局何もしない点が、モンスターワイフの典型パターンです。

(すずね所長の回答・1回目)

今後、ダンナ様とどのように接していくのかを今じっくり考えるときだと思います。ダンナ様を愛していらっしゃるなら、男性の性的衝動も理解してあげて、接し方を変えていくことも必要です。でも、ダンナ様の愛情を感じられなくなっていたのであれば、きっちりダンナ様とお話をして、自分で自分の方向を決めて行動してくださいね。自分がなぜ携帯電話を見てしまい、浮気することが許せないのか、約束したのにまた約束を破ってしまうダンナ様への感情は、悲しみなのか？　それとも怒りなのか？　自分でしっかり分析してみてくださいね。

(相談メール・2回目)

たしかに、前回の浮気騒動はかなり衝動的なものでした。「かまって欲しい」という彼なりのサインが、こういう形で現れ、怒りとも、悲しみとも区別できないような、どろどろした気持ちになり、一気に主人への信頼感が崩れました。でも、主人は子どもを大切にしてくれるし、まったく私から気持ちが離れてしまっているわけじゃない、信じよう、と決めて受け入れました。携帯も見ない、と決めていました。それなのにやっぱり見てしまった私がいけなかったのでしょう……。心の底で、信じ切れていない証拠です。男性は、実際に相手とセックスに及ばなければ、メールをしあって欲求を満たすことに、罪悪感を持たないのでしょうか？　うちの主人だけでしょうか……？[※7]　私は主人しか男性を知りません。男性の衝動性も欲求の解消法も理解せずにここまで来たせいか、考え方が固いのでしょうか？　夫婦以外で関係を持つことは、たとえメールであってもイヤです。普段主人が女性の裸が載っている週刊誌を読むのも……。でも私は自分の体に自信がないので何も言えません。[※8]主人は、普段は優しいし、好きです。でもこういったことを繰り返されると信頼できなくなりそうです。それでも、こういうことは男性にはつきもの、と思ってがまんしなければなりませんか？

※7　悪い点ばかりをクローズアップして責め続けたり、勝手に妄想を暴走させて悲しみにくれることは、一人相撲で負けているようなもの。そもそも、夫の価値観を知らないということは、コミュニケーションの不足によるものです。

※8　コンプレックスに対する意識が人一倍強いのもモンスターワイフの特徴の一つです。著しく自虐的であり、その反動として凶暴な攻撃性を見せることもしばしばです。手負いの獣のような行動パターンに、夫は恐怖するのです。

（うさぎさんからの改善報告）

すずね所長さんからのアドバイスにあった「自分の気持ちをしっかり伝えて、そのうえで愛情が感じられなかったらきちんと考えるように」との言葉で、私が一番にすべきことに気づきました。これまで、何か不満なことがあっても、「文句を言って機嫌悪くなったら困る」「自分ががまんして、かわりに動いたほうが早く済む」という思いが先行して、何も言わずに溜め込み、でも限界がきて爆発し、お互いに気まずくなることがよくありました。実はすぐには行動に移せず、何て言えば彼を傷つけないでうまく伝えられるだろう……と、もやもや考えていました。あるときは、子どもが小さくて手がかかるのにサポートもせずにボーッとしている夫に、どんどん私の機嫌や態度が悪くなって爆発[※9]し、また夫が遠のいてしまいました。会話も用件だけになるし、セックスもしない日々が続きました。私は、再び彼が離れてしまって、寂しくなりました。また彼に浮気をさせてしまう空気をつくっ

※9　夫にとって最悪な事態が、妻の〝爆発〟です。モンスターワイフは、メソメソ、イライラ、ムカムカをこれでもかと溜め込み、エッ、なんでそのタイミングで？　と思うようなところで、一気に大噴火を起こします。気になることがあれば、そのつどコミュニケーションを

てしまった自分が情けなくなりました。そしてやっと、「傷つけないで伝えることを考えていたら、いつまでたっても伝えられないし、言いたいことも言わないのに夫婦しているとはいえないよなあ」と思うようになりました。そしてやっと、自分の気持ちを、本当に吐き出しました。「あなたは私を十分支えてくれてないと感じる」とひどい言い方もしました。黙って聞いてくれた後で私の態度に対する批判を受けました。でも、お互いにぽつりぽつりと過去から遡《さかのぼ》って「あのときはこう感じてた」「このときはうれしかった」と話をしていくと、お互いに相手を知ってるようで知らなかった※10ことや、自分が思うほど気持ちは相手に伝わってないんだということがよくわかりました。彼もずいぶん堪《こら》えていたことがあったのもわかりました。お互いの状況をよく知るためにも、「これからは、家族で過ごす時間だけじゃなくて、二人で一緒にいる時間をつくるようにしなくちゃいけないね」と言ったら賛成してくれました。嬉しくて安心しました。その

とるようにすれば、それはある種のガス抜き効果にもなるため、大噴火を食い止めることができます。とにかく一人で悶々と考え込まないことが大切です。

※10　夫婦は意外に、相手のことをわかっていません。「きっとこう思っているはず」と、決めつけて暮らしていると、どんどん夫婦の心がずれていってしまうという証明のようなケースです。

後のセックスでは、嬉しくて嬉しくて涙が出ました。泣きながら抱かれたのは初めてでした。これからもいろいろあると思いますが、よく向き合って話をしていきます。本当にありがとうございました。

ケース2

「純愛妄想系セックス強要モンスター」

すみれさん（35歳）

セックスレスに悩む、妻からの相談メール。どれほど話しても伝わらない本当の気持ち。上手に言葉にできないもどかしさ。遅々として改善されない寝室事情に、モンスター化が加速します。夫婦のコミュニケーションの取り方の難しさを鮮烈に物語る最後の一文がとても印象的です。

（相談メール・1回目）

先日、ついに夫に言ってしまいました。「何でずっとしてくれないの?」と。心臓が爆発しそうなくらい覚悟を決めて言った言葉だったのに、主人の答えは「疲れてる、年かな」!!!

その瞬間、糸がぷつんと切れる音が聞こえました。[※1] こんなに私が何ヵ月も悩んでやっと勇気を出して言葉にしたのに、

※1　夫にしてみれば、突然キレられてもなんのことかわからないのです。妻がすべきことは、〝がまんではなく努力〟

「疲れてる」[※2]の一言で済まされてショックでたまりませんでした。夜はいつも何時間もボーッとテレビを見ているだけの人なのに。だって、何ヵ月も溜めっぱなしということは男性の生理的には無理なことですよね？　妻である私が拒んでいるわけではないのだから、手伝って（？）もらえばいいのでは……。私が聞きたかったのは「何でできないのか？」じゃなく「何でそういった気持ちにならないのか？」[※3]なんです。夫は、私に隠れてアダルトサイトからエッチな動画をダウンロードして、大量に保存しています。それも、私に対する当てつけかのように、ナース服やウェイトレス服を着た若い女性ばかり。[※4]アダルトサイトを利用しだした時期が、ちょうど私を抱いてくれなくなった頃からはじまっているのも許せないし、私が見つけることのできるPCに安易に入れておくデリカシーのなさもムカつきます。「結局私は、これからもずっと家政婦[※5]としてここにいればいいのね！」と吐き捨て寝室を出ました。私を引き止める気配もなく、もう本当に絶望

です。言いたいことを言わずに耐えてきた日々を、〝私はよくがんばってきた〟と思い違いをするのが、モンスターワイフです。

※2　本当に仕事で疲れているのか、性的対象ではなくなった妻に本音を言って傷つけたくないという配慮なのかは、夫のみぞ知るところです。セックスを求めたとき、夫の口から「疲れた」という言葉が出たら黄色信号。

※3　夫が本当のことを言うわけがありません。「上に乗られたら、重くて死んじゃいそうだよ」「前に、途中で中折れしたとき、すっごい怒られたのがトラウマになって、セックスが怖い」など、絶対に思っていても口に出せないことばかりです。「なんで？」は、妻こそ、自問自答すべきです。

※4　夫のオカズが、変態アダルト映像であろうと、元カノとのセックスの思い出であろうと、夫の自由です。セックスレスへの不満を理由に、自由を侵害するのは、筋違い。若い女性への過剰な嫉妬は、妻の心を醜くするだけです。

しました。話し合おうという気も持たず、ただ「やる気にならない」と愛情のない言葉を口にした主人にがっかりです。だって、たとえ疲れていても言ってくれればいろんな方法があるわけですよね。手や口でしたっていいんだし、私が上になってすることも。※6一緒にお風呂に入ってみたり、アダルトビデオを見たり、努力すればいくらでも夫婦の甘い時間は持てるじゃないですか。私は決して「SEX」がしたいんではなくて「触れ合い」「愛撫」がしたいんです。子どものことを考えるとこれから毎日どのように主人と接していけばいいか悩みます。家政婦としての家事は務めていかなければならないでしょう。でももう妻・女性に戻ることはできないのかも。悲しいです。まだ35歳、自分が惨めで着飾る気持ちになれません。何をやっても無駄な気がしてきました。※7

※5　「料理や掃除を進んで手伝ってくれる夫」は理想形ですが、理想を強要するのはいけません。不満を相手のせいにするのではなく、自分の努力不足と考えられるようになると、心の健康は保てます。その逆が、まさしくモンスターへの道なのです。

※6　客観的に思うのは、妻が夫の上で腰を振っている光景は、単に夫が妻の性欲処理の道具として使われているだけのような印象だということです。「愛」という言葉を楯に、「性欲」をあやふやにしてしまうことが、多くの夫たちをして、妻が単なる「性欲モンスター」にしか見えないことの、最大の原因なのです。

※7　どれほど彼女は努力や工夫を重ねてきたのか？　何かをやる前から、「何をやっても無駄」という答えを勝手に出してしまうのがモンスター的発想です。

（すずね所長の回答・1回目）

感情的になってはいけません。落ち込んでいる状態を、上向きにすることからはじめるようにと、アドバイス。（要約）

（相談メール・2回目）

たしかに今回はかなり感情的になった私です。でも、ここまでには長い道のりがあって、同じようなストレスの繰り返しをして何度も私が気持ちを伝えてきたのに……。自己弁護になるかもしれませんが、私は主人の住むこの土地へ数百キロ離れたところから嫁いで来ました。里帰りもお盆に1回帰るだけ、正直腹を割って話せる友人にはまだ巡り合えていません。そんな中で主人は私の話をよく聞いてくれますし、本当にいいだんな様だと感謝の気持ちもあります。でも、私の心にはいつもぽっかり穴が開いていて※8、そこを埋める何かが見つからないでいるように思います。日常のふとした触れ合いや会話でそんな寂しさを埋めていきたいと願っているので

※8　本人がどこまで意識できているかわかりませんが、心の穴の正体の大部分は、性的欲求が満たされていないことが原因です。セックスの快感や満足感は、セックス以外では代替のきかない心の栄

すが、ここ数年の主人は、私に触れない、自分の考えを口にしない、私が気持ちをぶつけてもただ黙っているだけ。今回は、主人から語りかけてくれるまで待ちたいと思います。[※9] いつもうやむやにしてきたことを最後まで解決したいと思います。私は伝えました。でも主人は黙ったままです。何度も「ちゃんと自分の思っていることを言って」と頼んできましたが、いつも最後は「疲れてる」。これは状態を表す言葉でしょう？ 考えや気持ちを表す言葉ではないでしょう？ 私はセックスがしたいんじゃなくて「愛情の確認」[※10]がしたいんです。妻側からの勝手な言い分に聞こえるかもしれません。でも自分の理想の夫婦像をあきらめるにはまだ早いと思うのです。もう少し努力したいのです。自分の片思いのような気分が寂しいのです。結局は私が甘えているんでしょうね。言葉にして主人に伝えるのがすごく難しいです。いっそこの文章を全て読んでもらえたら……と思います。[※11]

養素なのです。変な禁忌感や歪んだ性への意識から、自分の性欲と真正面から向き合っていない妻は、いつまでも心の穴を埋めることができません。

※9 待っていてはダメです。こういう意固地な考え方も、モンスターワイフにありがちな傾向です。

※10 また出てきました、愛情の確認という言葉。「私はセックスがしたいんじゃない」と言えば言うほど、夫には、妻がセックスの亡者に見えてしまっているかも。「愛を確認するために、セックスがしたい」と、ストレートに気持ちをぶつけた方が、奏功するケースも少なくありません。

※11 エエエーッ!? 「何度も自分の気持ちを夫に伝えてきました」という、これまでの努力の軌跡は何だったの？ 結局は、女の見栄やプライドがネックになって、肝心な本音を「伝えられていない」という証拠です。

ケース3

「悲劇のヒロイン系修羅場上等モンスター」

——ストレイ・シープさん（34歳）

セックスレスに悩んでいる最中の、夫の浮気発覚。若い浮気相手との壮絶な修羅場を経て、夫婦仲再生を約束するも、夫の裏切りが頭から離れず、モンスター道まっしぐら。モンスター国の女王様のような彼女には、反面教師として学ぶべき点多し。

（相談メール・1回目）

「5時間前に夫の浮気が発覚しました。今、全身がしびれています」※1

私は34歳の主婦です。夫も30代、結婚して10年以上たちます。年に1回あるかないかのセックスレスで、今年の春ぐらいから私の精神不安定がはじまりました。※2

子どもが二人とも小学生になり、心に余裕ができたのか性

※1　このセリフはリアル感満載です。どれほどの妻たちが夫の浮気発覚によるしびれを体験していることでしょうか。

※2　自分を、〝精神不安定〟と自己診断する妻たちは少なくありません。勝手に病名を付けて思い込むと、ますます不

欲がぶり返してきましたが、長い間放ったらかしにしていました。でも少し前から、セックスレスが不安で、最近は泣きながら寝ることも多くなりました。私が悩んでいることは、夫も知ってます。先月は私から誘って義理セックスを2回しました。でも、自分から誘ってくれない夫の態度に、やっぱり泣き続ける日々でした。[※3] 夫に話すと、「なるべくするようにする」とあいまいな返事。夫は夜、ネットをしてばかり。前々からネットはほどほどにして欲しいと頼んでいるのですが直りません。夫は布団に入ったと思ったら、すぐにグーグー寝てしまいます。ショックでまたメソメソ……。前々から気になっていた携帯を見てしまいました。[※4] するとてきました浮気が……。私は夫を起こして話を聞きましたが、どうにかこうにか話さずに済まそうとしていました。私はそれまで散々泣いたのでこのときはわりと落ち着いていました。私は夫に「愛している。やり直したい。許して欲しい」と言って欲しかったのですが、彼は「自分が悪い。何にも言えな

安が悪化します。

※3　30代半ばの妻の夜泣きは、夫にとって精神的苦痛以外の何物でもありません。男性は、メソメソ女を〝うっとうしい〟と思います。夫の目が、「笑顔の可愛い明るい女性」にいってても仕方ないと思います。

※4　泣きながら夫の携帯を盗み見している妻の姿は、コワイです。自分の言動をもっと客観視できる冷静な目を。

い」とだけ。「私を愛していると言って」[※5]と頼んでも、言ってくれませんでした。浮気相手宛のメールには、「愛してる」とか「会いたい」という言葉がいっぱい出てくるのに(涙)。まさか、[※6]浮気をされるなんて。夫を憎いとか嫌いにはなれません。でも、夫の気持ちもわかりません。明日、[※7]相手の女性と待ち合わせをしました。とりあえず書面を書いてもらうつもりです。私は「浮気＝離婚」と当初から言ってあり、今まではそれが当然の罰だと思ってました。でも、嫌いになってない夫と別れるのはつらいです。何度も問いただしたのですが、話をはぐらかします。もちろん眠れません。明日の決戦は遠方の姉に高速を飛ばしてきてもらうよう夜中に頼みました。夫の母親にもすぐに電話で伝えるつもりです。[※8]

私は次男を生んでから太りました。[※9]2ヵ月前からジムに通いはじめましたが、遅かったんですね。夫の浮気は私にも原因があるのかもしれませんが、浮気相手にはペナルティを受けてもらおうと思います。浮気発覚からまだ5時間なので、

※5　こんな状況で「私を愛してる？」と質問することが、かなりモンスター度が高いと言えます。今風に言えば、KYモンスターです。自分の感情や思いだけが優先されています。

※6　「私の夫に限って」というのも思い込みにすぎません。妻の座に胡坐をかいていると、この「まさか」が起こりやすいのです。

※7　即日、浮気相手に会う約束をしてしまうあたり、モンスター度の高さを如実に表しています。逆上して、相手を刺したらどうするのか？

※8　夫の浮気を姑にチクるのもイヤな女の典型です。妻たちは、「夫が浮気をしたから私はこうなった」と主張しますが、私は逆に、以前からモンスター的要素がチラチラのぞいていたから、夫が浮気に走るケースの方こそ、多数派だと分析しています。

頭が混乱して気持ちを整理できません。[10]

（すずね所長の回答・1回目）

「夫の浮気は私のせいでもある」というセリフは上等です！　そのセリフを言える妻は、がんばれます。100％夫のせいにする妻に夫は100％戻ってはくれません。ストレイ・シープさんは、いけます！　ぜひ続きをお知らせください。（と、彼女が少しでも冷静さを取り戻してくれるように、応援メールを送りました）

（相談メール・2回目）

その後、「彼女に会う→二度と会わない約束をしてもらう→夫を呼び同様の約束をさせる→お互いにやり直すと決心する→夫は元気にしてる→私は落ち込んでいく」といった状況です。浮気相手は、24歳で色白の可愛らしい女性でした。性

※9　出ました、太っちょモンスター。愛だけで夫は妻を抱く気にはなりません。

※10　混乱している自覚がありながら、浮気相手の女性と会う短絡的な思考が、モンスター化している証拠です。

格も良さそうです。素直に私に謝ってくれました。問題は夫の気持ちでした。夫は私より彼女を愛していたことも認めました。でも、「離婚して一緒になるつもりは最初からなかった」とも言いました。私のことは「好き」だとは言ってくれますが、「愛は？」と聞くと黙ってしまいます。[※11]私よりも、もっと好きな人ができた。結局そういうことなんです。会話レスで、スキンシップもありません。でも、「義理でセックスを再開するのは惨めだからやめて」と言いました。少しずつスキンシップをするようにしていますが、夫の愛情が戻るまで私は耐えられるか自信がありません。[※12]もしかしたら浮気をしてしまうかも。愛がわからないです。

（すずね所長の回答・2回目）

今は、冷静になることがたいせつです。ご家族と、温泉に行ってみるとかできませんか？[※13]普段の自分を取り戻さない

※11　一方的な思い込みが激しい内容なので、夫の本心は不明です。けれども、時間をおいた今でも、妄想が、どんどん悪い方へ悪い方へと膨らみ続けていることがわかります。妄想の暴走は、モンスターワイフに見られる顕著な思考パターンです。

※12　支離滅裂です。感情にまかせた、論理性も合理性もないモンスター的行動は、夫の愛の残り火さえも急速に冷却します。

※13　気持ちを落ち着かせるには、気分転換が一番。日常の生活から少し距離をおける温泉旅行など、お手軽で最適で

と不利です。（要約）

（相談メール・3回目）

愛が本当に戻ってくるのか、とっても怖いんです。2年経っても3年経っても、「やっぱり無理だった」といわれたらどうしようかと思って。私、幸せになりたいです。[※14]夫に「うらやましいよ……可愛い年下の女性に、恋して、愛されて……」と、言ってしまいました。浮気ではない本気の恋愛だった夫。純愛は私とじゃない……。[※15]この屈辱が、私の心から消えないのです。すごい惨めな女だと思う。

（相談メール・4回目）

昨日、夫とセックスしました。拒むこともできず、泣きながらでした。自分に自信が持てなかったことと、「義理」[※16]で抱かれているという思いが頭から離れず悲しくなって涙がボロボロ出てしまいました。

す。

※14　誰かに幸せにしてもらうのが当然のような考えでは幸せになれません。逆に自分は、夫を幸せにするために何をしてきたか？について考えて。

※15　惨めという言葉を連発していたら、戻ってくる愛も戻らなくなってしまいます。夫に対する嫌味や皮肉も、自己嫌悪で心をますますネガティブにさせるだけです。

※16　せっかく夫とセックスできたのに、泣く妻。義理セックスと決めつけています。夫の気持ちを理解しようとしなければ、夫婦仲など、いつまでたっても改善できないでしょう。

☆　☆　☆

結局、この夫婦は、その後しばらくして離婚しました。幸いにも、離婚後、新しい彼氏ができて、今はセックスフルで幸せな日々を送っていらっしゃるとのこと。モンスターが再び顔を出さないことを祈ってやみません。

第四章　幸せな夫婦生活を過ごすためのルール

モンスターは夫に伝染する

卵が先かニワトリが先か？　モンスターワイフはこの命題に似ています。つまり、妻がモンスターワイフになったから夫は妻を避けるようになったのか？　それとも、ろくでもない夫だったから妻はモンスターワイフにならざるを得なかったのか？　ということです。

私は、自分がかつてモンスターワイフだったことを重々自覚していますが、私の場合はどうだったか？　と聞かれても答えに窮してしまいます。正直わからないのです。懸命に記憶をたどって時系列的に当時の様子を思い返してみても、ひどく曖昧で、「あ、このとき、モンスターワイフになったんだ」というようなポイントが見つからない。このあたりを経験者の私がきちんと説明できないのは、歯がゆいし心苦しいのですが、「気がついたときにはすでに、手のつけられないモンスターワイフだった」という他ないのです。裏を返せば、自覚症状がないということが、モンスターワイフの恐ろしさとも言えます。発病までに潜伏期間のある病原菌のようなもので、いつ感染したかはわからないし、潜伏期間中は誰も気がつかない。けれども、発病したが最後、夫婦仲を完膚《かんぷ》なきまでに破壊していくのです。

モンスターワイフを一種の病気にたとえたついでに申し上げますと、妻の発病を食い止め得る専門医がいるとすれば、それは夫です。イライラは女性につきものです。生理中のイライラは文字どおり生理現象ですし、女性の一大イベントである妊娠・出産には、マタニティーブルーと育児ノイローゼという欲しくもないおまけがイヤでもついてきます。とくに初産の場合は、不安がイライラを増幅させます。私は、周期的に女性に訪れるイライラ時期を、いかに乗り切るかが、モンスターワイフ発病を回避する大きなポイントだと考えています。イライラ時期は非常に情緒不安定な状態ですから、女性は怒りっぽくなります。理想の夫の条件の一つは、妻がイライラしているときに、それは月に一度の生理現象だと理解して、つかず離れず近くで優しく見守ってくれることです。そのような優しい夫は、まさに名医と言えます。しかし、実際には、そんな名医たる上級夫など、ほんの一握りの存在です。宝くじで1等が当たるような確率とまでは言いませんが、その夫の価値は3億円に勝るとも劣らないでしょう。

では、現実の夫とはいかなる存在か？　妻がイライラすれば、一緒になってイライラし、妻が不満をぶつければ不満を返し、妻が怒れば一緒に怒り出し、妻が不安になれば一緒になってオロオロする。残念ながら、これが現実の夫たちの平均的な像です。

妻が心してかからなければならないのは、どっちが先かの問題ではなく、妻をモンスターにさせた病原菌は、ほぼ確実に夫に伝染するということです。妻がモンスターワイフになれば、夫もモンスターハズバンドになるのです。

何があっても、この「負の連鎖」だけは避けなければならないのです。

イッたふりよりも悪い幸せなふり

日本人は「世間体」を気にします。「本当は会話もない仮面夫婦だけど、夫に愛されている妻のふりをする」とか、「食費を削ってでも美容院に行って、お金に困っていないふりをする」など、無理に無理を重ねてでも世間体を取り繕《つくろ》おうとする妻がいます。

かつて私が、お金に困っていながら「子どもを保育園に預けて働く」という選択肢をとらなかったのも、専業主婦でいたのも、「幸せなふり」をするためです。

都内の人気私鉄沿線に住み、家の前には高級外車。外からは不幸には見えません。不幸と思われるくらいなら、耐える方を選ぶ。それが当時の私の意思決定でした。しかし、今、間違った選択だったとはっきりわかるのです。問題を抱えているにもかかわらず、何事もないかのように無理をして過ごす毎日が、どれほど自分の心に負荷をかけていたか。外で幸せなふりをするほど、家に帰って来たとき、現実との落差に打ちのめされます。こんな生活の積み重ねが、まるで金属疲労のように心を蝕んでいったのです。それはつまり、モンスターレベルが日々上昇していくことを意味します。外で無理をしている分だけ、夫の前でどんどんイヤな女になっていくのです。

ふりと言えば、ここ最近、イッたふりは男を甘やかすだけだからやめましょう、という趣旨の「イッたふり否定論」が幅を利かせていますが、イッたふりには、まだ「戦略」があります。「男心をくすぐることで、テクニック向上を狙う」とか、やり方次第では、生まれながらにして女優といわれる女性の素質が生かされる可能性を大いに残している。イッたふりを完全に否定してしまうのはちょっと極端で、経験値やスキル、状況に合わせて、是是非非で決定していけばいいのではないでしょうか。

もし、幸せなふりをしている覚えがあれば、今すぐやめましょう。幸せなふりは、夫婦仲をさらに悪化させるだけです。

「ワンランク上の理想」に惑わされない

最近やたら目につくのは「ワンランク上の自分になる」というキーワードです。妻は、幸せになるためには、いつまでも女磨きを続けなければなりません。この点に関しては何の異存もありません。しかし、とても気がかりなことがあります。それは、マスコミの啓蒙が、妻たちに無理な背伸びをさせているのではないかということです。

どんな女性にも理想の結婚像があります。その理想に現実を近づけようと思う気持ちは当たり前のことです。けれども、幸せを実感できずに悩んでいる現状で、つまり精神のバランスが崩れたままで、マスコミの言う「ワンランク上の理想」を目指してもうまくいくはずはないのです。なぜなら、そのとき妻たちの心を支配しているのは、向上心ではなく虚栄心だからです。

ブランド志向の強い妻たちは、洋服や持ち物だけではなく、住むエリアにもブランドを求めます。たとえば「新居は二子《ふたこ》玉川《たまがわ》じゃなきゃダメ」とか。合理性を重んじる男性はそれほど、住む場所にはこだわりません。最初は、「もっと家賃の安い所も探してみようよ」と妻を説得しようとします。しかし、妻は頑として譲りません。もう頭の中には、オシャレなオープンカフェで優雅にティータイムを楽しんでいる光景が浮かんでいるのですから。妻にしてみれば、二子玉川でなければ理想の根底が崩れてしまうのです。こうなると、理想というよりも強迫観念に近い。結局夫は折れることになります。往々にして「家のこと」の実権は妻が握っているからです。では、妻の希望どおり二子玉川に住むことになったこの夫婦はどうなるか？　まず家計を家賃が圧迫します。夫の給料を把握しているはずなのに、「ねぇ、いつになったら給料、上がるの？」などと、つい不満を漏らします。郊外なら、もっと安くてもっと部屋数も多いマンションを借りられて、寝室と子ども部屋を分けることもできますが、二子玉川では2Kが精いっぱい。子どもができれば「川の字」を余儀なくされ、セックスレスにまっしぐらです。

理想のライフスタイルに凝り固まって、自分たちに本当に合ったオリジナルのライフスタイルを構築できない夫婦が非常に多い。妻たちから相談を聞いていると、

「今の経済状況では、環境を変えられない」

と、思い込んでいるケースがとても目につきます。そんなことはありません。見栄を捨て、頭を柔らかくすれば、いかようにも変われます。

ワンランク上を目指す前にしなければならないことは、「身の丈を知る」ことです。身の丈というと、こぢんまりとまとまったような、なんとなくネガティブなイメージを持つ人もいるでしょうが、私に言わせれば、ワンランク上の理想など足元にも及ばないくらい重要なキーワードです。身の丈を知り、確固たる生活基盤を築き、どっしりと地に足をつけることが、幸せの基本です。夫に愛される良き妻になるためには、無理な背伸びをしない「等身大の自分」を完成させることこそ最優先事項です。

ワンランク上の自分と、双璧をなす人気ワードに「自己実現」という言葉があります。今の資格ブームなどが好例でしょう。最近は専業主婦も行動的になってきて、たしかに皆さんいろいろな資格を取って、中には本当に仕事に活用している妻たちもいます。けれども私はやはりそこに、平凡な主婦というレッテルを払拭したいという虚栄心を見るのです。

肝心なのは優先順位です。マスコミが罪つくりなのは、その優先順位を混乱させてしまっ

ているべきことです。

ていることです。フラワーアレンジメントの資格を取るよりも、夫の前でいつまでも、女の花を咲かせ続けることが大切です。料理教室が忙しくなりすぎて、もし子どものお弁当を手抜きしていたとしたら笑えない冗談です。

自己実現というプレッシャーから、身の丈にも性格にも合わないことを、無理してはじめて自滅する。友達をむやみやたらに増やして、人生を余計窮屈にしてしまう。

ステレオタイプな幸福のイメージに振り回されてはいけません。誰かが「人生いろいろ」と言いましたが、ハッピーエンドにもいろいろな形があります。「カッコイイ女性」への憧れは、得てして妻たちの視野を狭くします。逆に、身の丈を知ることこそ、可能性の芽を増やしてくれるのです。

浮気をされたときの選択肢

夫の浮気が発覚したとき、妻はどうすべきか？　選択肢は次の二つしかありません。「許す」か、「別れる」かです。極論ではありません。妻の幸せを考えたとき、この二つしか残らないのです。それを証明するために、上記以外のパターンを検証してみましょう。

「許そうと思っても、なかなか許せない」

「離婚したいが、事情があってできない」

多いのはこの2パターンです。夫を「許せない」という点で共通しています。どちらも許せないまま、時間が過ぎていきます。それは、限られた大切な時間を失うに等しい不幸です。

「時が忘れさせる」という言葉がありますが、「許せない妻」と「別れられない妻」にはウソにしか思えないでしょう。夫を憎む気持ちは、日を追うごとに増幅されていきます。どれほど表面的に取り繕おうとも、ほぼ100%の確率で、両者はモンスターワイフに育ちます。どんどん自分がイヤな女になっていく不幸な状態です。

夫の裏切りをそうそう簡単には許せないことを百も承知で言いますが、自分の幸せを本当に考えるのなら、どこかできっぱりと、「許す」か「別れる」かの決断を、どれほどそれが過酷なことであってもしなければなりません。でなければ前に進めないのです。

相談所では、ネットや携帯メールによるアドバイスという性質上、基本的には離婚を勧めるようなアドバイスはしていません。顔も見たことのない相手に、軽々と「離婚」の2文字を突きつけることへのためらいもありますし、正直に書けば、法律上の問題のケアもあります。しかし、個人的な意見としては、離婚という選択肢はあって当然だと考えています。

「絶対に浮気は許せない」という信念があるのならば、大切な時間を無駄にしないためにも、一刻も早く、離婚の準備と手続きに入るべきです。

浮気とは「2回以上の性交渉」

相談所で、離婚を進言しない二つの理由をあげましたが、実はもう一つの理由があります。この第3の理由こそが、浮気問題を複雑化・混乱化させ、アドバイザーとしての私を悩ませている大問題です。

それは、妻によって「浮気の定義」がバラバラだということです。

妻たちに、どこからが浮気ですか？　と聞いたとき、その答えは見事なまでに百人百様。ある妻は、「キスをしたら浮気」だと言います。また別の妻は「二人だけでお酒を飲みに行ったら浮気」だと言います。一般男性に聞けば、「セックスしたら浮気」という答えがほとんどでしょうが、愛に生きる女性たちにおいては、裏切りの境界線が細分化され、セックスしていなくても浮気と考える妻は少なくありません。

相談所でもたびたび論戦の的になるのが、「風俗は浮気か？」という問題です。風俗に行く男性のほとんどは、風俗を浮気とは考えていません。「息抜き」「お金を払ってスッキリすること」という意見がほとんどです。マスターベーションの延長であり、それ以上でもそれ以下でもないのです。したがって罪悪感もさほどない。けれども、妻たちはそうは考えません。自分の夫のペニスが自分以外の女性に触られたと思うだけで、イヤなのです。夫が自分以外の、それも若い女性の胸や性器を触ったり舐めたりしたと考えただけで吐き気を催すのです。

両者から意見を聞いて痛切に感じるのは、「風俗は浮気」と考える妻と、「風俗は浮気ではない」と考える夫の溝は、永遠に埋まらないということです。どこまで論議しても対立の構図は変わりません。

妻も夫も浮気の定義が同じであれば、前述した「許す」か「別れる」かの二者択一の判断に向かえます。しかし実際には、定義がバラバラなために非建設的な論議にしかなりません。

私には信じがたいことですが、マスターベーションを浮気と考える妻もいます。彼女たちは、夫がオカズとして愛用しているアダルトDVDに出てくるAV女優や、グラビアアイドルたちに、激しく嫉妬します。日中、駅前のファーストフード店で、夫が妻の知らない女性とコーヒーを飲んでいただけで、嫉妬に狂う妻もいます。

このように、妻たちは、〝ホテルで性行為〟から〝街中でコーヒー〟まで、さまざまな浮気の定義を持っているのです。

ウブな（という表現が正しいかどうかはともかく）妻から「夫のスーツのポケットからキャバクラの名刺が出てきました。もう夫を信じることができません」といった内容のメールが届きます。彼女は、キャバクラの名刺を前に途方にくれているのでしょうが、こんな相談メールをもらった私もまた、どうしたものかと途方にくれるのです。

こうした状況下で、浮気の定義を確立することが重要だと常々考えていましたが、浮気問題を複雑化・混乱化させる「どこからが浮気か論争」に終止符を打つべく、独断と偏見で、すずね流「浮気の新定義」を、謹んでここに提言させていただきたく思います。それが、

「浮気＝同じ異性との2回以上の性交渉」

です。

妻も夫ももう子どもではありません。いい大人です。大人の社会にはさまざまな誘惑が待ち受けています。オス度の高い素敵な夫であれば、誘惑の場面に出くわすことも当然増えていきます。もちろん、同じことが妻にも言えます。そして人間とは、大人になっても過ちを犯す生き物です。寂しいときもあります。苦しいときもあります。愛する妻だから、愛する夫だからこそ、打ち明けられない悩みだってあります。そんなとき、出会い頭的に「魔が差す」ことは、誰にでも可能性としてあることです。しかし、同じ相手と2回目というのは、もう「魔が差した」ではありません。確実に両者の間には情が流れています。この2回目の一線を踏み越えるか？　踏みとどまるか？　ここを浮気の分水嶺《ぶんすいれい》とするのです。

異論反論大いに結構です。けれども、私はこの新定義を思いついたとき、頭の中にあった

靄《もや》がスーッと消えてなくなったように、一人の女性として、妻として、頭の中がクリアーになりました。女性と男性は、同じ人間であっても、実はまったく違う生き物です。一方の理念や道徳観をどれほど理路整然《りろせいぜん》と解説しようとも、それによってもう一方の理念や道徳観を根本から変えることは非常に困難です。夫婦が仲良くやっていくためには、万が一のときに妻が理性を失わないための、現実的なルールづくりこそが求められていると私は考えるのです。

もちろん、私はこの新定義を押しつけるものではありません。大切なのはルールづくりで、夫婦それぞれが自分たちのルールを持つことが大切です。けれども、そのルールづくりとは、本来、夫婦が結婚する前にしておくべき性質のものだということです。

「会話はある」の盲点

セックスレスに悩む妻たちに、ちゃんとダンナ様とコミュニケーションはとれていますか？　と聞くと、多くの妻は、「会話はある」と答えます。そこで私がどんな会話をしていますか？　と続けると、その会話の内容は、「子どものこと」「家のローンのこと」「妻の今日一日の出来事」「芸能人のスキャンダル」……。「会話はある」と言いながら、「夫婦の本質」については、何も語られていないことが多いのです。

夫婦の間で圧倒的に会話が不足している現実もあります。妻たちは、会話をしたくても会話ができない理由を、夫のせいにします。「夫が話を聞いてくれない」「夫がすぐに話をそらす」「夫が会話できる雰囲気をつくってくれない」……。

夫婦の間で本質的な会話が持てないのは、本当に夫だけのせいでしょうか？　妻側の原因として考えられるのは、話しかけるタイミングの悪さです。女性は、自分の伝えたい感情が先走り無神経になりがちです。子どもがドタバタと走り回っているときに話しかけていないか？　夫がテレビの野球中継に夢中になっているときに話しかけていないか？　夫が仕事から疲れて帰ってきてぐったりしているときに話しかけてはいないか？　点検個所はたくさんあります。

また、「夫は無口」だから会話ができないと、クレームをつける妻も少なくありません。おしゃべりが大好きな女性から見れば、たいていの夫は口数が少なくて当然でしょう。自分を基準に考えてはいけません。そして妻たちが、知っておくべきことは、男性という生き物は、悩みを胸にしまう生き物だということです。男のプライドにも関係しているのかもしれませんが、男性は悩みや問題を自分一人で解決しようとします。この傾向はオス度の高い男性ほど強い。「わざわざ妻まで悩ませる必要はない」と。誰かに話を聞いてもらえればスッキリする女性との大きな性質の違いです。寡黙な夫が多いのは、決して妻を信頼していないから話さないのではなく、男の美学であることが多いのです。

妻たちが口にする不満の一つに、「夫は仕事一筋で、家庭を顧みない」というものがあります。かまってもらえない妻には不満ですが、「自分が一所懸命働いて経済的に豊かになれば、妻も幸せになれるし、自分も夫として妻に認めてもらえて互いが幸せになれる」と考える夫はとても多いのです。何年も連れ添ってきた夫婦にして、互いの性格や性質を、知っているようで知らないことはいっぱいあるのです。

「私はこんなにいっぱい話しているのに、なんであなたはちっとも話してくれないの？」というありがちな妻のセリフは、妻が夫の性質を知らないことが原因かもしれません。

夫婦は癒し合わなければいけない

「癒し」は、今の時代を象徴するキーワードの一つです。そこであなたに質問します。あなたは、妻として夫を癒している自信はありますか？

私は取材などを通じて、働き盛りの30代から40代の男性たちと話をする機会に恵まれていますが、彼らの口からよく出てくるのが、「疲れた」「癒されたい」というセリフです。私が、「おウチで奥さまに癒してもらってるんじゃないの？」と聞くと、彼らは「だといいんだけどね」と苦笑いします。

「疲れマラ」という言葉があります。これは、「疲れたときほどセックスしたくなる男性の生理現象」を意味する俗語です。夫が妻とセックスしない言い訳として使う「今日は疲れたから」と、「疲れマラ」の関係に、矛盾が生じていることにお気づきでしょうか？「疲れたらセックスしたくなる」はずの夫が、「今日は疲れたから」と妻とセックスしない理由は？　答えは一つしかありません。その夫にとって妻が、セックスしたい対象ではなくなっているからです。

スローセックスを提言するアダム徳永氏は、著書の中で、〝セックスは癒し合う行為である〟と述べていますが、私もまったく同感です。日常生活で「癒し」を実感できない夫婦が、ベッドの上で「癒し」を実感することなど無理な話です。そして、仕事の疲れやストレスを癒してくれない妻を、夫はベッドに誘わなくなるのです。

エステ、可愛いペット、韓流スター、高級ホテルのランチバイキング……。妻たちは、自分の癒しには熱心です。けれども、夫の癒しには無関心なのではないでしょうか？

妻の待つ家が夫にとって、癒しの場所でありさえすれば、夫はどんなに仕事で疲れても笑顔で家に帰ってきます。妻を抱くのが楽しみになります。そして妻の方も、癒されている夫を見れば、自分が妻として役に立っていることを実感できるのです。

「一所懸命がんばってみましたが、夫婦仲が改善されません」

というメールが毎日のように届きます。もしかすると努力の中に「夫を癒す」という要素が入っていないのが原因かもしれません。この機に、「癒し」について改めて考えてみてはいかがでしょう。

男は〝ひたむきさ〟と〝清楚〟を好む

女性は強くなったと言われますが、本当にそうでしょうか？　私はただ、ずる賢く、したたかになっただけのような気がします。もちろんそれは、女性たちが、今という時代を生き抜くために手にした〝女の知恵〟であることを否定しません。けれども、男性の立場に立ったとき（これがとても大切です）、いわゆる女性の強さは、邪魔な存在になりかねません。

妻が夫から愛されるために、知っておくべきことは、日本人男性の好みは「保守的」だということです。思わず守ってあげたくなるような女性が好きなのです。男性は守るべき存在ができたとき、その真価を開花させます。バリバリ働いて少しでも妻に楽をさせてやりたいと思うし、優しくしてあげようと思う。その気持ちは、可愛い子どもができたらなおさらです。男性が守ってあげたくなる女性とはいかなる女性か？　それはたとえば、ひたむきに努力する女性です。たとえば、けなげに尽くす女性です。たとえばいくつになっても清純で清楚な女性です。断っておきますが、私は男性サイドのまわし者ではありません。現実問題として、世の男性の多くは、今あげたような女性たちを、可愛い、守ってあげたいと思うのです。

日本中の妻たちから、「今どきそんな女性が……」という声が聞こえてきそうです。そうかもしれません。けれども裏を返せば、男性に男らしさを発揮させるために不可欠な女性性（女らしさ）を、現代の妻たちが、どこかに置き忘れているから、多くの夫婦がうまくいかないとも言えるのです。夫が求める女らしさを捨ててしまった妻たちが、モンスターワイフに変身していくのです。

けなげさ、ひたむきさ、従順性、清楚……。これらは元来、日本の女性ならば誰もが持っている性質です。今どきそんな女性が……とおっしゃる妻だって、絶対に持っています。「白いキャンバス」という言葉がありますが、保守的な男性は「白いキャンバス」が大好物です。妻が幸せになるための女の知恵の一つが、ウソでもいいから、夫が色を塗れる余白を、残しておいてあげることです。

幸せ妻は夫の携帯を盗み見しない

今、夫の浮気の9割以上が、携帯メールルートで発覚します。ある意味、携帯電話の普及は、夫の浮気発見に一役買っているとも言えなくもありません。

相談所では、相談サイト開設当初から一貫して、「携帯の盗み見大反対」の方針を貫いています。理由は簡潔かつ明瞭。「見ても良いことは何一つない」からです。

まず、夫の浮気発見は、妻にとって〝収穫〟でも何でもありません。浮気を肯定するわけでもなく、ましてや浮気夫を弁護する気持ちなどさらさらありませんが、もしも世の中に携帯電話という便利すぎるツールがなければ、波風がたつことなく、幸せな夫婦として添い遂げられたものをと歯がゆく思う事例は数多く存在します。

携帯メールの盗み見が、結局は妻にとって不利益なのは、もしも夫の浮気疑惑が、限りなくクロだったとしても、妻も盗み見という「罪」を負うことです。

「理香ちゃんって誰よ?」

「おまえ、勝手にオレの携帯を見たのかよ!」

「今、そんなこと関係ないでしょ!」

「関係なくないよ!　おまえこそオレを信じてないんだろ!」

夫は、妻が犯した「プライバシーの侵害」を徹底的に糾弾します。激怒し、キレます。妻が求める、「ちゃんと夫婦で浮気問題について話し合う場」などありません。罵り合いの大ゲンカしか待っていないのです。

妻たちは、その状況に大きな不満を感じます。「携帯の盗み見は悪いことかもしれないけど、夫の浮気の方がはるかに重罪」という論理を振りかざしますが、夫もまた「盗み見こそ、夫婦の信頼を損なう裏切り行為」という持論を譲りません。論点がずれたまま、互いに一歩も譲ることなく、ただ夫婦の絆が破壊されるだけの、空虚で殺伐とした、お互いに傷つくだけの時間が過ぎていくのです。

どうしても夫の携帯の盗み見がやめられない妻たちは、自覚のあるなしにかかわらず、モンスターワイフです。夫婦の素晴らしさとは、夫婦でなければ築けない〝信頼関係〟にあります。夫のすきを狙って必死に夫の携帯をカチカチといじっている姿もモンスターなら、携帯の盗み見が、夫婦の信頼をぶち壊しにしてしまう行為であることに気がついていないこともモンスターです。

もしもあなたが夫の携帯を見てしまう妻なら、今日限り盗み見はやめてください。夫の携帯をチェックし、「よかった、今日も変な女からメールはきてなかったわ」と一瞬胸をなでおろしたとしても、あなたはその「小さな安心」を得る代わりに、もっともっと大切な「人間らしい優しい気持ち」を失っていっているのです。

私は妻たちに次の言葉を贈ります。

「幸せ妻は、夫の携帯を盗み見しない」

本書の執筆にあたって、私は数十組の夫婦にヒアリング調査をしました。そこから導き出された答えが、これです。「見ようと思ったこともありません」「エッ、だって夫を信頼していますから」。セックスフルで幸せな妻たちは、そう口を揃えます。

一方、携帯の盗み見をする妻たちは、「だって、信頼されるような行動をとらない夫に問題があるんだから仕方ないでしょ」とエクスキューズします。

何度でも言いますが、問題を夫のせいにしている限り、妻は変われません。愛も信頼も空から降ってきてはくれません。信頼は勝ち取るものです。相手を信頼し、相手に信頼される行動を取る以外に、夫婦が信頼を築く道はないのです。

出産に立ち会わせてはいけない

出産は、女性にとって人生の一大イベントです。日に日に大きくなっていくお腹をさすりながら、生まれてくる可愛い我が子のことを想像するたび、女としての幸せを実感して笑みがこぼれる。かと思えば、本当に私は母親になれるんだろうか？　と言葉では説明できない不安に襲われることもあります。そんなとき、横にいる夫を見てみると、まるで出産など他人事のように、お笑い番組を観ながら大笑いしたりしている。そんなお気楽極楽な夫を見て、妻たちは、本当に夫は、新しい命の誕生を重く受け止めてくれているんだろうか？　と悩む。そしてある日妻は夫に、こう切り出すのです。

「ねぇ、出産には立ち会ってね」と。

立ち会い出産をするかしないかは、夫婦の問題です。

そこにあえて口を挟みます。結論を先に申せば、私は、立ち会い出産は断固反対です。私にも出産経験がありますが、出産現場は、女性の私から見ても凄惨な現場です。妊婦は絶叫し、大量の血が流れ、内臓の一部のようなものまで出てきます。

出産の痛みや辛さを、夫にも共有して欲しいという気持ちが芽生えてくることも理解できる。子育てを協力してくれる夫になってもらうためのきっかけづくりという計算も働いているのでしょう。けれども、これから出産を予定している妻たちに、これだけは言っておきたいのです。

妻の出産に、夫の精神が本当に耐えうるのかどうかを考えて欲しいと。

立ち会い出産を契機に「妻だけED」になる夫は少なくありません。それは、自ら進んで立ち会い出産を希望した夫も例外ではありません。

もちろん、「出産は感動的だった」「人類の神秘を感じた」「妻に最大の感謝を捧げたい」という、立ち会い出産に向いているタイプの夫もいますので、ここは見極めどころです。

ただし、妊婦特有の絶対的な発言権を発動して夫に立ち会い出産を強要するのだけはやめてください。

「生命誕生の神秘」の現実は、荘厳で幻想的な言葉の響きとはまったく異なる、生々しく壮絶なリアルです。あまりのショックに妻を女性として見られなくなる男性も多いようです。

いつまでもセックスフルな妻でいたいのなら、生命誕生の神秘には、ミステリアスなベールをかぶせたままでいることが賢明です。

お金と夫の下半身の関係

男性は女性が想像する以上にデリケートな生き物です。とくに下半身はデリケートが何層も重なってできたミルフィーユのごとく繊細です。ペニスしか目にしたことのない妻には、イメージしづらいかもしれませんが、ペニスはふとしたことで、すぐにシュンとなってしまいます。すずね所長としての6年間の活動の中で見えてきたのは、ペニスは、男性のプライドと密接に関わっているという真実です。プライドを傷つけられると、ペニスも元気がなくなるのです。わかりやすいのは、そのものズバリ、セックスやペニスのことを女性から否定されたとき。「エッ、もうイッちゃったの？　もう少しでイケそうだったのに」「ねぇ、どうして前みたいにもっと元気にならないの？」などと妻から言われようものなら、一瞬で下を向いてしまいます。

私が意外だったのは、「お金」も、男性のペニスから元気を奪う大きな要因だということです。そのことに最初に私が気づいたのは、同期入社の男性と職場結婚した彩香さん（仮名・29歳）の事例でした。彼女は結婚後も同じ職場で仕事を続けていました。職場の同僚からもひやかされるラブラブ夫婦でしたが、結婚から2年目のあるときを境に、急にセックスレスになったのです。彼女には、何も思い当たるところがありません。最初は仕事のストレスや疲労による一時的なものかもと、帰宅後は手の込んだ料理をふるまい、なるべくリラックスできる環境づくりに気を配りました。それでも何の変化も起きません。夫の浮気も疑いました。しかし、同じ職場で働いている夫に、女の影は見えてきません。果たして結婚2年目に何があったのか？　それは、会社で、妻の出世が夫を追い越したということです。「私はてっきり夫が私の出世を喜んでくれているとばかり思っていたのに……」。仲良しの夫婦です。夫が妻の出世を妬《ねた》んでいたわけではありません。いえ、実際夫は喜んでいました。けれども、夫は男としての自信をなくし、妻を愛してはいても、下半身は元気をなくしてしまったのです。

専業主婦も、家でお金の話になることは日常会話的にあるはずです。そのとき妻は、細心の注意を払わなければなりません。「もうちょっとパパの給料が高かったら、子どもを塾に行かせられるんだけど」とか、「たまには家族で外食したいけど、お金がねえ」という言葉に、例え嫌味を含んでいなかったとしても、その夜、夫の下半身は萎《しぼ》んだままです。もし嫌味を含んでいようものなら、その夜だけでなく、完全に妻の前では役立たずになってしまう可能性もあります。

くれぐれもお金の話にはご用心を。

過剰な気配りが夫婦の距離をつくる

「気配り」は欠かせない夫婦の潤滑油です。当たり前のことですが、良い気配りをするためには、まずは相手の気持ちや心を察することが大前提です。そのためには、夫をちゃんと観察することが肝要なのですが、夫婦仲がうまくいかないと悩み相談をしてくる妻たちは、自分自身の悩みと日々の生活のことで頭の中がオーバーヒートしてしまって、夫のことは二の次どころか、まったく考えられなくなってしまっているケースが目につきます。妻本人はまったく気づいていませんが、気配りゼロモンスターと化してしまっているのです。

自分のことで頭がいっぱいになっている妻には、「ダンナ様にちゃんと気配りはできていますか?」という問いかけが、気配りゼロモンスターを追い払う「気づき」として有効に機能してくれます。

けれども、夫婦問題が難しいのは、潤滑油たる気配りが多すぎると、こんどは逆に夫婦関係が空回りをはじめてしまうということです。何事もそうであるように、気配りもまた「程度問題」なのです。どういうことか？　空回りの典型例をあげましょう。

結婚3年目で2歳の子どもがいる雅美さん（仮名）の悩みは、約2年半のセックスレスです。彼女は夫に抱いて欲しいと思いながら、「夫はきっと仕事で疲れているから」とずっとがまんしてきました。一方で夫はこの2年半どう思っていたか？　実は、「妻は今、育児で疲れているから」と、夫もセックスをがまんしていたのです。フタを開けてみれば、二人ともセックスしたかったのに、お互いに、「今自分がセックスの話を持ち出すと相手の負担になってしまう」と思い込み、いらぬ気配りをしていたのです。

このように、相手に気を使いすぎて「ちょっと確認すれば済む問題」が、ずっと塩漬けになってしまっているケースは少なくありません。過剰な気配りが、夫婦仲を遠ざけてしまうことがあるのです。

たとえば、「疲れている夫のために、私が一所懸命にお世話しなきゃ」と、張り切りすぎてしまい、「せめて家では静かに過ごしたい」と思っている夫には、迷惑な行動でしかないことがあります。逆に、「夫が仕事のストレスを溜め込んでいるから、今はそっとしておいたほうがいい」と思い込んで、妻的には〝そっとしておく〟という最大限の気配りが、夫には妻から〝無視〟されているような気持ちにさせられることもあります。無視モンスター、これは私も体験しました。

夫婦がお互いの気持ちや考え方を理解しないまま、前に進むのはとても危険です。闇の大海に手漕《てこ》ぎボートでこぎ出すようなもので、いつ闇に潜むモンスターの餌食になってもおかしくありません。

一言、「ねぇ、私はどうしたらいい？」「今、どうして欲しい？」と、夫に聞くことが、本当の気配り上手な妻になるための第一歩です。

女同士の無益な戦い

いつまでも美しい妻であり続けるための方策の一つが、ライバルをつくることです。子どもの頃のことを思い出してみてください。勉強でもスポーツでも、クラスの中に「あのコだけには負けたくない」というライバルがいると、がんばれましたよね。それと同じ。普段、よく会う女性の中からライバルを見つけましょう。「負けたくない」という気持ちを高めるためには、夫もたまに会うことのできる女性がベターです。夫の友達の奥さん、子どもの友達のママ、ご近所の奥さんあたりでしょうか。

たとえば、朝のごみ出しで、自分はボウボウ頭の短パン姿で表に出てみたら、お隣の奥さんが、薄水色のカーディガンを着て、眉毛もしっかり描いて「おはようございます」と微笑んだとします。この時点で、「ヤバい、負けてる！」と思う気持ちを持たなければいけません。もしも夫が、「お隣の奥さん、本当にいつ会ってもキレイだよね」なんていう奥さんがいるなら、格好の狙い目です。

ライバルを定めたら、すぐにあなたの方から声をかけてお友達になりましょう。必要なのは敵ではなく好敵手です。仲良しになって、より身近な存在になった方が、「絶対に勝ってやる」というモチベーションがあがります。それに、ライバルの懐に飛び込むことで、「美しさを保つ技や秘訣」も盗みやすくなるというものです。身近なお手本が一人いることは、流行ファッション雑誌を100冊読むよりも、妻を美しくするのです。

ただし、上手に利用すれば、美をブラッシュアップしてくれる「女の闘争心」にも、モンスターは潜んでいます。それは、女の闘争心が過熱しすぎると、美の競演ではなく、無益な「女同士の戦い」になり下がってしまうということです。ここが落とし穴で、要するに、浅まれしい見栄の張り合いの世界に突入してしまうのです。負けたくないがために、ただ高価な洋服を買ってみたり、自分の顔立ちを無視して、流行のメイクを追いかけてみたり、気がつけば、南国にしか生息しないインコのようなファッションで参観日に出かけたりする。

夫のために美しくなる、という本来の目的から逸脱し、見栄とエゴがむき出しになった醜い女の争いは、見るも無残で、無益です。外見上の争いは、肉体的コンプレックスを、ことさらに意識させます。そして、コンプレックスを隠そうとすればするほど、内面の醜さが透けて見えてくるのです。そこには、世の夫たちが求める「素直で可愛らしい妻」の姿はありません。

本来の目的や目標を見失ったとき、モンスターは現れます。

経済的自立だけが自立ではない

今の結婚生活に幸せを感じられない女性は、自分を変える努力をしなければなりません。〝変える〟とはつまり、〝人間として成長する〟ということと同義ですが、その際の大きなテーマの一つは「女性としての自立」です。

自立と聞いてまず思い浮かぶのは、〝経済的自立〟です。

私が世の中の専業主婦たちに、先輩としてアドバイスしたいのは、専業主婦でも、働く気になれば、必要最低限のお金は確保できるということです。妙な欲をかいたり、生活水準を落とせないというプライドを捨て、まず「身の丈に合わせ、足元を固める」という意識が大切です。足元を固めることは、想像以上に強い自信になります。そして足元が固まれば、上に行けるのです。もちろん上を目指して失敗することもあるでしょう。でも、足元さえちゃんとしていれば、失敗しても降りてこられる場所があるのです。「最低でも、ここから下には落ちないわ」という保証にもなるし、足元さえ固めてあれば、またそこから上を目指せます。

離婚という選択肢をとるべき妻たちが、なんらかの理由で離婚に踏み切れず、ズブズブの夫婦生活を続ける中で魂を腐らせて、モンスターワイフ化していく事例は枚挙に暇《いとま》がありません。なんらかの理由の大半は、表面的には経済的な理由です。しかし、実際問題として、実家が大金持ちとか、夫から多額の慰謝料をぶんどったということでもない限り、離婚にお金の心配はつきものです。お金の話をはじめたら、ほとんどの専業主婦が離婚できないことになる。

厳しい言い方になってしまいますが、「経済的な理由で離婚できません」という妻たちに本質的に欠けているのは、お金ではなく「自立心」です。

「小さい子どもを二人も抱えているので、とても私一人では生きていけません」といった相談メールに目を通しながら思うのは、悩んでいる主婦たちは、30歳になっても40歳になっても、〝精神的なタフさ〟が、鍛えられていないということです。すぐに誰かに頼ろうとし、思いどおりにならないとすぐに泣く、かと思えば、がまんがきかないためにすぐにキレて怒りだす人もいます。

一方、経済的自立とキャリアアップを目指して、男を蹴散らすようにがむしゃらに働く、バリキャリ未婚OLがいます。上昇志向も高く、「いい男がいたら結婚したいわ」なんて言

い な が ら、 実は男に頼ろうという気持ちなどさらさらない。一見、専業主婦とはまったく異なる女性のように思える。けれども私は、この両極端の根っこは、「脆《もろ》さ」という点でつながっているのではないかと想像するのです。夫に完全に依存しきって生きる妻と、男をアテにしないで生きる未婚女性は、傾いている向きが右と左に分かれているだけで、バランスの崩し方は同程度です。当たり前のことですが、男性が幸せになるためには女性の支えが必要なように、女性が幸せになるためには男性の力が不可欠です。お互いにお互いを支え合うためには、妻も夫も、相手を支えられるだけの力を備えなければいけません。

字面だけ見ると「自立」とは、〝自分一人で立つ力〟のように考えてしまいがちですが、本当の意味での自立とは、〝相手を支える力〟のことを指すのではないでしょうか。

「夫に選ばれた私」と考える

結婚式の披露宴パーティーで女友達から、「いい男をゲットしたじゃない」と言われて、悪い気がする新婦はいません。多かれ少なかれ、妻たちの頭の中には、「私が選んだ夫」という考え方がある。相談メールで、夫に不満を言う妻たちも、必ず「でも、悪い人じゃないんです」とか、「普段は、とっても優しい人なんです」などと、つねにフォローを入れます。この奇妙な現象も、その夫を「選んだ自分」を完全には否定したくないという心情の表れだと捉えています。この、まるで夫が妻の所有物であるかのような感覚が、「妻が変わる」ということの障壁になっているような気がしてならないのです。

「自分が選んだ夫」という意識が強い妻にとって、夫婦仲がうまくいかなくなったときの気持ちは、たとえば女性が大好きなショッピングでいうと、気に入って買ったブランドのバッグが、不良品だったようなイメージなのではないでしょうか？　「たしかにいろいろとちゃんと調べないで買った私も悪いけど、一番悪いのは不良品のバッグ」という感覚。一番悪いのは不良品のバッグと思った瞬間、自分のことは棚上げされ、もしもそのとき、少しでも虫の居所が悪かったりすると、たちまち店員を怒鳴りつけるクレーマーに変身します。この、普段はおとなしそうな女性がクレーマーに変身していく過程が、妻がモンスターワイフになっていくシナリオと酷似していることに、もうお気づきでしょうか？

「私の方も悪かった」「私にも原因があるのかもしれない」という謙虚な気持ちがなくなったとき、妻たちは一方的に夫にクレームをつけるモンスターワイフと化すのです。謙虚さがないから、すぐに「私はこんなにがんばっているのに」という言葉が口を衝いて出てくる。その一方で、周囲に対しては、「不良品を買わされたバカな女」と思われたくないという虚栄心から、そのバッグがたとえニセモノであったとしても、「このバッグ、すっごく色が気に入っているの。とってもお買い得だったのよ」と、偽りの笑顔で〝幸せのフリ〟を装う。

こんな生活を続けていれば、魂が腐敗していかない方が不思議というものです。

モンスターワイフにならないために、とても大切なのが、〝謙虚さ〟です。謙虚な気持ちを失わないためには、「私が選んだ夫」ではなく、「夫に選ばれた私」というスタンスでいることです。

「夫に選ばれた私」というスタンスで結婚生活をスタートさせた妻たちは、がんばれます。星の数ほどいる女性の中から、私を選んでくれたんだから、夫の期待に応えなきゃ。まだまだ妻としては未熟な私だけれど、いっぱい勉強して、幸せな家庭を築いていこう。もっと夫に愛される自分になろうと、誰に強制されるわけでもなく、当たり前のこととして、努力を続けることができるのです。

さてあなたは、「私が選んだ夫」と「夫に選ばれた私」のどちらの意識が強いですか？

前者であれば、黄色信号が点滅中です。意識を後者にシフトさせてください。

妻は夫からの支配を願っている

男性は、従順な女性を好みます。良くも悪くも、多くの夫は妻の上に立ちたいと思っている。だからといって私は、妻たちに、「夫に従順であれ」などと前時代的なことを言うつもりはありません。夫の性質や性格を知り、夫への気配りを怠らないことと、ただひたすら夫にへつらうこととはまったく違います。

けれども、夫が妻を精神的にも肉体（性）的にも支配したいと思うのが、オスの根源的な欲望であるように、メスたる妻は、心の奥で「夫からの支配」を望んでいるのです。

支配したい夫と、支配されたい妻。征服したい夫と、征服されたい妻。

この関係性が成立したとき、夫婦の愛は、ゆっくり時間をかけて熟成するワインのごとき化学反応を起こすようになります。

胸に手を当てて、ダンナ様に完全に支配されている自分を、ちょっと想像してみてください。体の奥が疼《うず》くような感じはありませんか？　エロティックな意味としてだけでなく、大きくてやわらかくて温かい何かに気持ちが包みこまれて癒されるような感覚や、体の中に何かが満ちていくような感覚を覚えませんか？　それが、あなたの中に眠っている、夫から支配される喜びの感情です。

まったく何も感じない。逆に夫のエラそうな顔を思い浮かべるだけで腹が立ってくる人は、夫婦の関係、男と女の関係を、理性でこねくり回しすぎています。男女の間にある引き合う力は、とてもシンプルな力です。それに、「夫に支配される」ことは、決して「対等な夫婦関係」と矛盾しません。矛盾するどころか、妻は夫に支配されることで女性性を発揮し、夫は妻を支配することで男性性を発揮し、そうなってはじめて、お互いがお互いを尊敬し合える、本当の意味で対等な関係性を構築していくことができるようになるのです。

月に、1000通届く、妻たちの相談メールを読んでいて感じるのは、健全な夫婦の支配関係が崩れてきているのではないかということです。たとえば妻たちは「夫が育児に無関心」と夫を非難しますが、私が感じるのは「夫が口を挟む余地もない」ような、妻の暗黙のプレッシャーです。とにかく家の中のことの決定権を、妻が全面的に握っているケースが目につきます。「話しても、夫は『キミに任せたから』と相談に乗ってくれない」と言う妻たちに、私が一言申し上げたいのは、夫がそうなる以前に、「あなたはウチのことは何にもわかってないんだから、黙ってて！」的なオーラを出していませんか？ ということです。

賢い妻は、家事や育児をほとんど一人でこなしながら、主導権や決定権を夫に委ねています。それが、「夫を立てる」ということに他ならないことを知っているからです。

今は、夫が自力で妻の上に立つのは、なかなか難しい時代です。給料はなかなかあがらない。休日、ちょっと家でリラックスしているだけで、すぐに嫌味や小言を言われる。夫たちは、つねに妻の顔色をうかがってビクビクしています。こんな去勢されたような状態で、男性本来の男性性が開花されるはずもない。今の時代、相当にオス度の高い男性でもない限り、支配する側の夫はよほどがんばらないと、妻の上に立てません。

さて、ここからが肝心です。実は支配される側の妻に、その意識がちゃんとあれば、支配の関係性は楽につくれるのです。だって、妻が少し下がってあげればいいからです。下がるのは楽なんです。妻が一歩下がれば、自然と夫は上に立てます。たったそれだけのことで、支配したい夫と、支配されたい妻の願望は叶うのです。

「夫が頼りないから、私ががんばるしかない」と言う妻がいます。けれども、妻ががんばればがんばるほど、妻は夫よりも上になってしまうのです。この間違いに気がついていない妻たちが、とても多いのです。

第五章　満ち足りた寝室事情が円満な夫婦生活をつくる

紙に書き出して悩みを整理する

悩んでいる妻たちの悩み事はたいてい一つではありません。複数の悩みや心配事が頭の中で渦を巻き、何に悩んでいるのかさえわからなくなっています。

本当の問題点を見つけるためには、まずは、ぐちゃぐちゃに絡まったり、とっちらかっている頭の中を整理することが大切なのです。

そこで私が、悩める妻たちに指導しているのが、「悩みを紙に書き出す」という方法です。箇条書きでいいので、問題点を紙に書き出していくのです。「セックスがない」「夫の帰宅時間が遅い」「夫婦の間に会話がない」「夫が冷たい」「姑と仲が悪い」「夫が安月給」「家が狭い」……。最初は思いつくままに、頭の中のすべてを紙に書くことからはじめます。10個以上出てくる人もいれば、5個程度の人もいるでしょう。それは人それぞれです。書き出したら、次に、ランキング形式にして、許せない順番に上から並べ替えていきます。そのように自分の中にある悩みを整理して、最後に、どこまでなら許せて、どこからが許せないかの境界線を引きます。ここまでが、紙に書き出す作業の一連の流れです。

この方法で「自分が何に悩んでいるのか、やっとわかりました！」と言う妻はとても多い。

たとえば、「寝室では子どもと一緒に寝ている」と書き出してみて初めて、「川の字」がセックスレスの原因だったことに気がつく妻がいます。傍から見れば、なんでそんなベーシックなことに気がつかなかったの？　というようなことも、混沌とした状況下では見えなくなっていることが往々にしてあるのです。

さて、この方法は、ただ問題点がはっきりするだけではありません。紙に書くという行為は、脳にすごくいい影響を及ぼします。最大の効能は、紙に書くという理性的な作業を通じて、感情的になっていた頭が、冷静さを取り戻していくことです。

たとえば、「夫の帰宅時間が遅い」ことに悩んでいる妻がいます。けれども、仕事のできるオス度の高い男は、仕事が忙しくて当たり前です。当然その妻は、夫の「平均以上の収入」という恩恵にあずかっている。暇を持て余しているお金持ちなど私は見たことがありません。帰宅時間は遅いけど稼いできてくれるダンナと、仕事もしないで家でゴロゴロしているダンナ。あなたはどちらを選ぶのか？　という極めてシンプルな設問です。クールな頭で考えれば、「贅沢《ぜいたく》な悩み」だったことに気がつくことだってあるのです。状況はさほど変わらなかったとしても、心が楽になります。これはとても大切なことです。

書き出しはじめた頃は、「夫への不満」ばかりが並んでいたのに、頭が冷静になるうちに、「私の態度も悪かったのかも？」と、「自分の問題点」が見えてくるようになります。問題点が整理できれば、売り言葉に買い言葉のような夫婦喧嘩も少なくなるでしょう。
今すぐ、自分の悩みを書き出してみてください。必ず発見があります。

寝室会議で本音を語り合おう

問題を抱えた夫婦に圧倒的に不足しているのは、〝本質的な会話〟です。どんなにおしゃべり好きの妻と、聞き上手の夫であったとしても、会話の内容に「夫婦の価値観」「結婚観」「将来のビジョン」「セックスのこと」など、本質的な内容が含まれていなければ、それは濃密なコミュニケーションとは言えないのです。

どのようにして、夫を本質的な話し合いの場所に誘い出すか？

私が奨励しているのは、「寝室会議」です。

その名のとおり、夜寝る前に寝室で、夫と話をするのです。ベッドの上でのコミュニケーション。夫がお酒好きなら、寝室にビールやワインを持ち込んでもいいでしょう。お子さんがいらっしゃる場合は、ちゃんと子どもを寝かしつけてからにしましょう。もし寝室にテレビがある場合は、絶対にテレビは消してください。会話に適した静かでリラックスした空間づくりは妻の担当です。ベッドの上は、本質的な話、とくに夜の生活に特化した話題には、一番適した会議室です。話題を逸《そ》らされることもなく、本質の話題にフォーカスを当てることができます。普段は照れ臭くてなかなか話せないことも、ベッドの上だと不思議とお互い素直になれます。「私は、今とても寂しいの。あなたはどう思ってますか?」と、恥ずかしがらずに正直な気持ちを夫に伝えましょう。お疲れ気味で下半身に元気のない夫は、妻に申し訳ないという気持ちを持っていても、自分からはなかなか切り出せないものです。そんな夫にとっては、むしろ機会に恵まれた思いでしょう。マンネリセックスに不満のある場合は、たとえば夫に女性の下着の好みを聞いてみることが、性的嗜好を掘り下げていくきっかけになることもあります。恰好をつけず、構えず、お互いの気持ちや意見を伝える場所として、夫婦の寝室を有効活用してください。

寝室会議を成功させる秘訣は、あらかじめ話す内容を紙に書いて整理しておくことです。こうすることで、気がついたら感情的になっていた、という失敗がずいぶん減ります。何回か続けていくうちに、必ず見えてくるものがあります。「気づき」があります。ただ自分の意見を言うだけでなく、夫の意見を聞く場所であるという意識と、夫への思いやりを忘れずに臨みましょう。

リビング小料理屋化計画

料理上手は、良妻の必須条件です。妻の手料理が夫にとって〝楽しみなこと〟であれば、夫の帰宅時間は必然的に早くなります。どんなに浮気性な夫でも、鮭が生まれた川を忘れないように、最終的には必ず妻の元に帰ってきます。

〝味〟は欠かせない要素です。料理は結果がすべてです。一所懸命にがんばった、という過程はなかなか評価の対象にならない。味に関しては、プロアスリートの世界と同じで、残酷なまでに結果で判断されるということを妻は片時も忘れてはいけません。たとえば、一所懸命につくった料理を夫が半分以上残したとする。「こんなにがんばったのに、なんで⁉」と夫を責めるのではなく、こんなときこそ、自分の料理力に対して謙虚にならなければならないのです。味覚はとてもパーソナルな感覚です。妻の舌が美味しいと判断しても、夫の舌がそう判断しなければ、単にまずい料理なのです。だから難しい。しかし繰り返しますが、料理は結果がすべてです。こんなにがんばったのに、といった自己正当化に進みそうな気持ちをばっさり切り捨てて、「あ、ごめんなさい、ちょっと味が薄かった？」「洋食よりも、和食の方が良かったかな？」「注文があったら遠慮なく言ってね。今度はもっとがんばるから」と、自らコミュニケーションをとって、夫の好みの味を探求しましょう。プロアスリートたちが、試合で思うような結果が得られないとき、フォームの改造を行うように、妻も当たり前のこととして、料理の味を夫の味覚に合わせて微調整していかなければならないのです。

さて、では妻は夫のためにどんな味を目指すべきか？　一言で言うなら、〝おふくろの味〟です。ここで言う〝おふくろ〟とは、夫の母親です。というと、それだけで拒否反応を起こす妻も多いと思います。嫁姑の問題は、洋の東西を問わず夫婦問題に付きものです。しかし、だからと言って、夫の母親に妙な対抗心を燃やして、我が家の食卓を、嫁姑の代理戦争に変えるような行動に走るのは愚の骨頂です。幼い頃から慣れ親しんだ味を、一番美味しいと感じるのは、人間の習性です。争っても仕方のないことなのです。姑の味と争うのではなく、姑の味を、自分の手料理に生かすような融和作戦をとることこそ、賢い妻の選択です。たまに夫の実家に行った折には、「お義母さん、お料理教えてください」と、自ら姑に教えを乞うて、おふくろの味を盗みましょう。夫は喜ぶ、嫁姑関係も円滑になる。妻がエゴを捨て、ほんの少し譲歩するだけで、すべて丸く収まります。断っておきますが、姑の味を完全コピーしましょうと言っているのではありません。肉じゃがやお味噌汁やカレーライスなど、いわゆる家庭料理の定番で完璧な味を目指すためには、おふくろの味を取り入れることが大きなアドバンテージになるという事実を申し上げているのです。逆に、半分以上料理を残す夫に、「ごめんなさいね、お義母さんの味が出せなくて」などと嫌味を言うことは、モンスター化の序章です。

料理は夫婦仲にとってとても大切なことなので、ついつい〝味〟に関する言及が長くなりましたが、本項の核心は、食卓の〝演出〟にあります。同じ料理でも、食べる相手や雰囲気

によって、美味しくもまずくもなります。仕事から帰ってきた夫が、ほっと一息つける場所。そんな空間を演出できれば、夫婦の会話も和やかに弾みます。

そこで私が提案するのが、名づけて、「リビング小料理屋化計画」です。その名のとおり、リビングルームに小料理屋を再現するのです。小料理屋のカウンターで、「今日もお仕事お疲れさま」とお酒をお酌してくれる清楚で上品な和服姿のママ。そんなママを演じてみましょう。和服の着付けが大変なら、ちょっとした外出着でも構いません。肝心なのは服装よりも、小料理屋のママになりきることです。仕草や表情など、普段の自分とはガラリと変えて、女優気分で夫を接客してあげましょう。毎日小料理屋では飽きてしまいます。ときには銀座のクラブのママになって「私も一杯いただこうかしら」と隣に座ったり、場末のスナックのママ風にちょっと崩れたセクシードレスで、「お客さん、ボトル入れる～」なんてのもいいでしょう。キャラしだいですが、メイド喫茶風に、「お帰りなさいませ、ご主人さま」なんてのもありかもしれません。制服が完璧に揃っていなくても大丈夫。多少演技がぎこちなくてもご愛嬌。男性の妄想力を侮るなかれ。世の夫たちは、そんなふうに一所懸命やってくれている妻の姿に愛情を感じ、癒され、欲情するのです。味は結果がすべてと言いましたが、演出は一所懸命な過程がちゃんと評価されます。遊び気分、ゲーム感覚で、いろんなママを演じてみましょう。夫と妻ではなく、「客」と「（お店の）ママ」という新鮮な関係性は、お互いが忘れかけていた「男」と「女」の本質を呼び覚ましてくれるチャンスです。

夜のお仕事に学ぶ〝癒し〟

相談所には、「夫の風俗通い」に悩む妻たちから、多数の相談が寄せられます。私は、なぜ夫が風俗に行くのかを考えてみました。当初は、妻たちにアドバイスするためには、まずは敵を知らなければ対処法もわからないというスタンスで、風俗経験のある男性たちにリサーチをはじめたのですが、彼らを通じて、風俗という世界を知れば知るほどクローズアップされてきたのは、いわゆる「性的な欲望の処理」以外に関する部分でした。男性たちが風俗嬢に期待するもの、そして風俗嬢たちが男性に提供する射精以外のサービスとは何か？　それは、ずばり〝癒し〟だったのです。

男性たちはこう言います。「彼女たちは黙って愚痴を聞いてくれる」「彼女たちは決して怒ったりしない」「彼女たちは優しい」「彼女たちはいつもニコニコしてくれる」「彼女たちは、自分の要求に応えてくれる」……。

それが仕事だから、彼女たちはお金をもらっているから、と言ってしまうのは簡単です。けれども、世の中の妻たちが、真摯《しんし》に受け止めなければいけないのは、風俗嬢が提供するような〝癒し〟を果たして夫に与えているのかということです。日常生活では得られないからこそ、男性たちは、わざわざお金を払ってでも、風俗という非日常で、得ようとしているのです。もちろん、男性たちは、それがお金で手にした偽りの愛情であることを知らないわけではありません。それでも欲しいのです。ウソでもいいから癒されたいほど疲れているのです。男性たちが見ている現実とは、「愚痴を聞いてくれない妻」「すぐに怒る妻」「優しい言葉一つもかけてくれない妻」「いつもイライラしている妻」「自分の要求ばかりしてくる妻」……だということです。

風俗業界に詳しい、知り合いの男性誌の記者が、私にこんな内情を教えてくれました。

「最近は、風俗の敷居が低くなって、素人の女性が当たり前のように飛び込んでくる時代ですが、素人の女性も、3日もすればベテランのような顔つきになる。女性の順応性の高さには驚かされます。もちろん性的なサービスに関しては、マニュアルがあって、講習システムも完成されています。けれども、〝癒し〟の部分に関しては、明文化されたマニュアルは存在しておらず、店側が教育してどうなる問題でもない。けれどもおもしろいのは、ほとんどの女性たちは、教えてもいないのに、男心をキャッチする〝癒し〟テクニックを、それぞれ独自に構築していくんです。もちろん、そのモチベーションは、〝指名を取る〟という金銭欲ですが、女性は本来、男性を癒す資質を持っているということ。要は、やる気があれば誰でもできる、やる気がないからできないというだけ。二松さんから夫婦事情を聞いてボクが率直に思うのは、もしも妻たちが夫を癒していないのだとすれば、そもそも妻側に夫を癒そうという気持ちがないからというだけなのでは？」

　悩める妻たちは、「夫が何を考えているのかわからない」とよく言います。けれども一方で、世の妻たちが「女の敵」とみなしている、けれども同じ女性でもある風俗嬢たちは、わずか3日で男心をくすぐる術《すべ》を自然と身につけるという現実がある。風俗嬢たちは、一客にすぎない男性が本当は何を考えているかなど、ほとんど知らないはずです。でも彼女たちは的確に男性客を癒している。

「夫を癒しましょうと言われても、どう癒していいかわからない」と妻たちは言いますが、妻たちに求められているのは、具体的な方法論ではなく、「夫を癒してあげよう」という気持ちなのではないでしょうか。風俗嬢は、お金がモチベーションでした。妻のモチベーションは言わずと知れた〝愛〟です。キレイゴトではなく、本質の話として聞いて欲しいのですが、見返りを求めないのが本当の愛です。見返りを求めるから、モンスターになるのです。

あるだけましの「あるうち治療」

夫婦に限らず、付き合いが長くなると、セックスがマンネリ化してしまうというのはよく聞く話です。インスタントセックスがルーチンになっていくことを、私は「セックスの老化」と呼んでいます。セックスの老化の原因は、お互いが新しい刺激や快楽よりも、〝楽〟を選んでしまうことにあると推測しています。向上心など微塵もありません。体力の衰えもあって、お互いに疲れないように動きます。新しい手順を生み出そうという気もないので、やり方は10年前と同じ。キスして、胸をちょっと舐めて、性器をちょっと触って、挿入、以上。夫の元気がないときなど、たまにフェラチオがあったりなかったり。この一連の動きは、お互いの体に長年染みついてきたものなので、頭を使わなくてもできます。楽チンです。中には、互いにパジャマを着たまま、パンツだけ脱いで事を済ませる夫婦もいます。

なんともお寒い義理セックス事情ですが、5年も10年もセックスがない夫婦に比べれば、たとえマンネリセックスでも「あるだけまし」です。けれども、「セックスの老化」の先にあるのは、「セックスの死」、つまりセックスレスです。セックスレスに比べれば、はるかに

「あるだけまし」とはいえ、「あるうちに治療」しなければ、幸せは急速に遠のいていくのです。義理セックスは、崖っぷちから片足が落ちているような非常に危機的な状況だという客観的な判断が大切です。

「あるだけまし」の「あるうち治療」の成功例を紹介します。

吉田さん（仮名・夫）からの悩み相談でした。吉田さんは40歳。5歳年下の妻とは結婚12年です。吉田さんが言うには、彼の妻は、吉田さんが初めての男性というオクテな女性。最初の頃、裸になることにさえ抵抗する妻に、吉田さんは何とも言えないいじらしさを感じ、週4回は妻を愛していました。しかし、子どもが二人できてから妻は変わったと言います。〝たくましいお母さん〟になって、いじらしさの「い」の字もなくなったのです。しかしセックスの快感を知った妻は、吉田さんに週3回のセックスを義務づけました。その日が来るたびに吉田さんはブルーな気分になります。体つきまでたくましくなった妻が、敷布団の上で、全裸で吉田さんを待ち構えているからです。掛け布団は早々に足元に丸められています。吉田さん夫婦のセックスは12年前から変わっていません。まず、妻が吉田さんの耳たぶを舐めます。結婚当初、吉田さんが妻に「ボクは耳にキスされると感じるんだ」と言った一言を、妻はいまだに忠実に守っているのです。けれども吉田さんは、ワンパターンな耳たぶ攻撃に今は何も感じません。しかし、そのことを妻に告白することもできないでいます。仕方なく、妻の胸に顔をうずめて必死に勃起させているという悲しい状況です。かろうじて射精はしますが、若い頃のような興奮も快感もなく、ただダラリと義務を果たしたという気持ちだけ。吉田さんは、「ボクはいつまで務めを果たせるんだろう」と、不安な気持ちを抱えて私に相談してきました。

老化した気持ちは、今までとは違う方法を取り入れることでリフレッシュすることができます。私は、次の二つの方法をアドバイスしました。耳以外の部分にキスして欲しいと頼んでみる。官能映画を借りてきて、それと同じことをしてみようと提案する。

2ヵ月後、吉田さんから「セックスが若返りました」と喜びの改善報告がありました。妻が、吉田さんに言われたとおり、耳以外のカラダのあちこちにキスして、感じる場所を探してくれるようになったこと。子どもが寝静まった夜中にお風呂に入って、官能映画で見た〝立った状態での体位〟を試してみたら、お互いにものすごく興奮したこと。

セックスは、夫婦二人の気持ち次第で、年齢に関係なく若返らせることができます。セックスレスに陥る前に、せっかくセックスするなら気持ち良くなれるようにしようと、どちらかがまず勇気を持って手をあげることが大切です。

所変わればセックスも変わる

〝所変われば品変わる〟と言いますが、場所を変えてみることは、セックスの老化防止に効果的です。これが予想以上にドキドキ感を蘇らせてくれる。

「狭い玄関にバスタオルを2枚敷いてエッチしたら、すごくいいセックスができました」

「真夜中に、家のバルコニーでチャレンジしました。プチ青姦気分でメチャクチャ盛り上がりました」

「夫とはじめてカーセックスをしました。人気《ひとけ》のない公園に車を止めてしたんですが、それでも誰かに見られるんじゃないかというスリルにたまらなく興奮しました」

セックスする場所を変えるというだけの実に単純な方法ですが、改善報告は枚挙に暇《いとま》がありません。この方法の優れた点は、お金がかからないこと。二人のアイデア次第で、ステージが無限に広がっていくのです。付き合い出した頃のような新鮮な気持ちに戻れることは、一旦停滞していたセックスが、また進化をはじめることにもつながります。結局、セックスの老化やセックスレスの多くは、タブー意識や、思い込み、相手への過剰な気遣いなどの理由に起因した性コミュニケーションの欠如によるものです。〝場所を変える〟ことは、お互いが自由におおらかに性について話し合えるきっかけづくりになるのです。

ちょっと変わった場所でのセックスに抵抗があるのなら、ラブホテルや温泉宿を利用してみましょう。とにかく、生活臭がべったり染み込んだ寝室から飛び出すことが肝要です。

私が提案している、セックスレス克服の裏ワザが、「夫婦で混浴に入る」という方法です。混浴は、タオルで前を隠しているとはいえ、妻の裸体が他の男性の視線にさらされることで、夫にえも言われぬモヤモヤ感を喚起させます。古女房と思い込んでいた妻が、まんざらでもない艶っぽさを振りまく。他の男性に見られたくない。「嫉妬心」によって、性の対象ではなくなったと思っていた妻が、たちまち性の対象として夫の目の前に蘇るのです。

30歳の主婦、みちるさん（仮名）は、16歳年上の夫と5年間セックスレスでした。彼女は、体型維持のため、ボクササイズとサルサダンスを習い、毎日腕立て伏せを50回行ってきました。「20歳の頃よりもナイスボディなのに抱いてもらえない」と、相談されてきました。そこで私が、嫉妬心を利用する方法を伝授したところ大成功。彼女は、夫とヨーロッパのリゾートにバカンスに出かけ、ビーチでナイスボディを披露したのです。すると、「お前のことを相手にするのは俺くらいだ」と悪態をつき続けていた夫が、「パレオを巻け」「タオルで隠せ」とあれこれ注意してきます。欧米では、エキゾチックな黒髪のアジア女性はモテます。夫は、ビーチの男性の視線が彼女に集中しているのが気に入らないのです。ホテルに戻ると、夫は「お前がビーチで一番きれいだった」と、結婚してはじめて彼女を褒めてくれました。そしてそのまま彼女をベッドに押し倒したのです。「このバカンスで2夜連続のセックスができました」と、喜びの報告をしてくれました。

ヨーロッパのビーチでトップレスになってみる。温泉地の混浴に一緒に入る。ちょっと勇気の必要な方法ですが、「場所を変える」＋「嫉妬心の活用」という作戦は、必ず効果を発揮します。もちろん、この作戦を実行するためには、日頃からのエクササイズでボディに磨きをかけておくことは必須です。三段腹モンスターでは、討ち死に必至ですので、くれぐれもご注意を。

美肌づくりのすすめ

髪の毛はボサボサ、お腹はブヨブヨ、いつもスッピンでファッションにも無頓着。女性の目から見ても、オバチャン化してしまった妻が、「夫に抱いてもらえない」とクレームを付けるのは、ちょっと虫のいい話のように思います。プロポーションを保ち、ファッションに気を使うことは、妻として当たり前の努力として心掛けていなければなりません。

さて、当相談所にセックスレスや妻だけＥＤの悩みを訴える妻たちの外見はいかほどか？

外見に関する描写は自己申告ですので、正直なところ正確にはわかりません。目につくのは「ちょっと太め」という表現ですが、「ちょっと」がどの程度かは、当人のみぞ知ることで、なかなか実態はつかみきれません。ただ、興味深いのは、「体型維持のために努力しています」「夫に好かれるために、おしゃれには十分気を使っているつもりです」と、女磨きに熱心な妻たちの割合もとても高いことです。オバチャン化しないように努力していながら、それでも「セックスがない」と悩む妻が多いのです。努力が報われないから、余計に悩みは深刻度を増していくことになる。私の周囲にも、客観的に見て「イイ女」の部類に余裕で入るのに、セックスレスに悩む女性は数多くいます。なぜ、女磨きを怠らない妻たちにさえ、世の夫たちの下半身は無反応なのか？　やはり性格上の問題が大きいのか？

そんな私の疑問に対して、ある男性が言ったひと言は、衝撃的なものでした。

「肌はキレイなの？　顔じゃなくて、カラダのほうね」

私はハッとしました。彼は続けます。

「女性って、普段見えるところには気を使うけど、隠れているところはけっこういい加減な人が多いよね。とくにボクが興ざめするのはお尻のブツブツ。いや、結構多いんですよ、お尻に赤黒いブツブツがいっぱいある女性って。失礼な言い方になるけど、前がダメでも後ろを向けたらなんとかセックスできるもんだけど、お尻が汚い女性は、バックでも無理ですから。前はお腹がドーン、後ろはブツブツじゃ、どこを向けていいのかわからなくなる」

まったく失礼な言い方ですが、彼の言葉には一理も二理もあることは否定できません。私は、急に自分のお尻が心配になって、すぐに鏡でチェックしました。ブツブツがないことにホッと一息つきながら、お肌がいかに盲点であったかを思い知らされたのです。

外見的な女磨きに対して意識が高い女性であっても、意外と、全身のお肌は盲点なのではないでしょうか？

ペットに置き換えてみればわかりやすいのですが、毛並みのいいネコちゃんやワンちゃんを見ると、思わず撫でてみたくなります。男性が女性に触りたいと思う衝動もこれとまったく同じです。私も含め、現代の女性たちは、外見を着飾ることには非常に熱心ですが、一方で、男性が触れたいと思う、基本中の基本である、肌に関しては、恐ろしいほど無関心になっているのかもしれません。

たとえば、今、空前のダイエットブームですが、無理なダイエットは、お肌の天敵です。フォルムでベターを目指して、基本のお肌がバッドでは本末転倒でしょう。

男性は若い女性が大好きです。悔しいけれど、若い女性の肌のハリには敵《かな》わないものがあります。しかし、若い女性は、若さゆえに、お肌のお手入れには無頓着です。若い女性の肌は、たしかにパンと張っていますが、成熟した男性が好む、〝しっとりと吸いつくような肌〟には育っていません。

今回、本書の執筆にあたり、改めて〝肌〟に着目して男性たちから幅広く意見を求めてみたのですが、「お人形さんとして飾っておくなら若い女性だけど、実際に肌と肌を重ねて気持ちいいのは、ある程度年齢を重ねた女性ですよね」というのが、男性陣の大半の意見でした。つい私も含めて世の妻たちは、若い女性たちに嫉妬してしまいますが、女性の肌が本当の意味で〝美味しく〟なるのは、30歳を越えてからなのです。しかし、それもこれも、〝お肌の手入れ〟があってこそ。

「手入れの行き届いた美肌は、男性にとって何よりの癒しですから」

前出の男性は、こうつけ加えました。

「私のことを愛しているんだったら当然触りたくなるはずでしょ」というのは妻の勘違いであり、傲慢です。私たち女性は、愛する夫が思わず触りたくなるような〝肌づくり〟に精を出さなければならないのです。それが、夫を愛しているという具体的な行動なのですから。顔のしみを薄くするために美白サプリを摂るなど、努力を怠ってはいけないのです。

マスターベーションのすすめ

妻が変わるためには、自分のことを知ることがとても大切です。裏を返せば、自分のことを知らないから変われないのです。自分のことは自分が一番よくわかっている、という言葉は、モンスターワイフにはまったく当てはまりません。モンスターワイフの行動パターンは、絵に描いたような自己中心型ですが、自己中心的でありながら、実は当の本人が自分のことを恐ろしいほど知らないのです。無知に起因する〝稚拙なエゴの暴走〟が、夫を悩ませるのです。

当相談所に寄せられる妻たちの悩みは、セックスレス、妻だけED、マンネリセックス、夫の浮気、夫の風俗通いなど、性やセックスに関する問題が、圧倒的多数を占めますが、妻たちの、あまりにも性に対して無知な実態に、しばしば驚かされます。典型的なのが、「自分の性器を見たことがない」というもの。10代の女性ならいざしらず、30年も40年も、自分とつき合ってきて、自分の性器を見たこともなければ触ったこともないというのはいかがなものでしょうか。百歩譲って、これまで育ってきた環境などによって、性に対して閉鎖的な考え方になったとしても、セックスに関する悩みやトラブルに直面したとき、成熟した大人の女性であるなら、積極的に解決策を模索すべきです。たとえば、「一度もイッたことがありません。どうすればイケますか？」という相談はよく寄せられますが、率直な感想として、他人に聞く前に、もっと自分でいろいろ努力をしてみるのが本当じゃないの？　と思うのです。相談所を運営する私が言うのも変な話かもしれませんが、いえ、相談所を運営しているからこそ身にしみて思うことですが、ちょっとわからないことがあったら、なんでもかんでも他人に聞けばいいと思っている妻たちがとても多いということです。それこそ、性の問題は、極めてパーソナルな課題です。第三者として一般論的なアドバイスはできますが、最終的には、本人が自分と向き合わなければ本当の解決には至らないのです。

セックスのことで悩む妻たちの、特徴の一つが、マスターベーションの経験がない、もしくは非常に少ないということです。私は、そんな妻たちには、自分を知るという意味においてもマスターベーションをすすめています。「セックスでイケない」というのは典型的な女性の悩みです。いわゆる〝男運〟の要素が大きいとしても、マスターベーションをすれば、少なくとも「クリトリスでイク」という感覚はつかめるはずです。感覚がつかめたら、そのときの感覚をセックスにフィードバックできますから、セックスでイケる可能性も高まります。

女性が自分の性や性器にアンタッチャブルなことで、いいことは何もありません。男性は物心ついたときから100人が100人マスターベーションをします。快感と好奇心をエネルギーに、チャレンジ精神旺盛に創意工夫を重ね続けます。男性たちは誰もがペニスを通じて、自分の性と向き合っているのです。性と向き合ってきた男性と、マスターベーションをしない女性は、それだけで性に対する認識の格差が広がります。そもそも女性と男性は別々の性です。だから相手を理解するのが難しい場面にたびたび遭遇する。けれども、マスターベーションをする夫と、しない妻では、余計に相手を理解することが困難になるのです。

「浮気の定義」についての項で、夫の風俗通いがどうしても許せない妻たちや、夫のマスターベーションまで嫌悪する妻たちの話をしましたが、もしも彼女たちが日常的にマスターベーションをしている妻であれば、認識も変わってくるのではないでしょうか？

無知はモンスターの卵です。夫とのセックスでイケない。夫が抱いてくれない。こういった悩みは、夫の愛を感じられないという不満に加え、性的なフラストレーションが相乗的に作用して、モンスターの卵をあっという間に孵化《ふか》させます。単純に、性的なフラストレーションを抑制するという意味においても、是非、マスターベーションをしましょう。いわゆるオカズは、初心者ならレディコミや、海外の官能小説がオススメです。マスターベーションを通じて性的なイマジネーションを育てることはとても大切です。女性が、自分の感じる部分や、気持ちいい愛撫の仕方を知らなければ、ダンナ様に伝えようもありません。

マスターベーションの経験がなく、これまで性に対して閉鎖的な考え方にとらわれてきた女性には、にわかに信じられないかもしれませんが、オンナとは、ときにあなたが思っている以上に、淫《みだ》らな生き物です。理想を言えば、そんな淫らな部分を発見してくれるのは男性であることがベストですが、現実がそれを許さないのであれば、女性が自分自身の努力と創意工夫で、本当の自分を発見しなければいけません。

性に対して自由を手に入れることは、自分を変えることにつながるのです。

アダルトグッズ肯定論

10代や20代のカップルの間で、アダルトグッズ愛好家が急増していると聞きます。クライアントの編集部経由で、大手アダルトグッズメーカーに問い合わせたところ、ピンクローター、ローション、バイブレーターが、売れ行きベスト3だとか。ひと昔前までは（当時はまだ〝大人のおもちゃ屋さん〟という言い方でしたが）、アダルトショップがある場所は、繁華街の薄暗い路地裏というのが定番で、とても女性が入れるような所ではありませんでした。けれども最近は、ブランドのアンテナショップと見間違うほどおしゃれでファッショナブルなお店も少なくありません。社会勉強をかねて先日、秋葉原にある某人気店を視察してきましたが、一般の若いカップルたちが、人目をはばかることなく仲良く商品を選んでいました。時代に合わせて、グッズはどれもカラフルで可愛くなってきました。これも〝エロ可愛い〟現象の一つと言えるかもしれません。直接お店で買うのに抵抗がある人も、今はネット通販店がいくつもありますから、誰でも簡単にこっそり入手できます。ラブホの自販機の品揃えも、昔に比べれば格段に充実してきています。

私は、この状況はとても良いことだと思っています。マンネリの解消や、テクニックの不足をカバーするためにも、大いにアダルトグッズは活用すべきです。中でもピンクローターは、オルガズムを知らない女性にとって、強力な味方です。まさに人間業を超えた絶妙な振動で、確実にイクことができます。性の専門家の中には、強すぎる刺激に慣れてしまって、性的感受性が鈍感になるという人もいらっしゃいますが、女性に生まれてオルガズムを知らないことほど不幸なことはありません。要は使い方次第。今や現代人にとって欠かせないアイテムであるパソコンや携帯電話にしても、難癖をつけようと思えばいくらでもつけられます。どんどん使ってみて、問題が起きたらきちんと大人としての対応を取る。この当たり前がわかっていれば、ピンクローターは何も怖くありません。私など、人間を幸せにしてくれる文明の利器としての価値は、携帯電話に引けを取らないと思っているほどです。

さて、冒頭で〝若いカップルの間で〟と書いたのは、実は、30代半ばあたりを境に、アダルトグッズに抵抗のない世代と、抵抗のある世代が、くっきり分かれているからです。社会的背景の分析はさておき、私はとても残念に思います。40代以上で、性の喜びを知らない妻は、ピンクローターを今すぐ試してみることを強くすすめます。使用者に聞くと、ピンクローターを使えば、10人中10人が一発でオルガズムを得ることができます。まずはマスターベーションに導入しましょう。

「イケない」という性的不満が解消するのはもちろん、オルガズムを得られるカラダであることを知ることは、何物にも代えがたい自信になります。見た目がどれほど美しくても、どれほど仕事ができようとも、イッたことがないという事実は、女性から自信を奪います。セックスのことを考えないようにしようとしても、心の中にぽっかり空いた穴は、いかんとも埋めがたい不充足感をもたらします。性的な渇きは、やがて女性らしい心の潤いさえ干上がらせてしまうのです。

私が、一番におすすめするのは、ピンクローターを夫に使ってもらうことです。妻が、夫に淫らでフシダラな姿を見せることは、寝室事情を一変させるハッピーサプライズになります。妻がオルガズムを得ることは、妻がオンナとしての自信を回復すると同時に、夫のオトコとしての自信を回復させることにもなります。男を勃てるのは妻の役目。自分も気持ち良くなれて、夫も勃てられるのですから、まさに一石二鳥です。

アダルトグッズと聞いただけで「変態！」と思う方には、この言葉を贈りましょう。

「セックスに変態なし」

夫が風俗店に通う動機の一つは、「妻とはできないプレイができる」ことです。愛し合って結婚したからと言っても、ちゃんと性についてまじめに語り合っていなければ、夫の性癖などわかるはずもありません。たとえば、夫が意を決して「実はオレ、ナースマニアなんだ。今度、白衣を着てくれないかな？」と告白したとします。そのとき、「変態！」と拒絶するのと、「わー、楽しそう。なんでもっと早く言ってくれなかったの。じゃあ、メイクも白衣の天使っぽく薄化粧にするね。白いサンダルも履こうかな」と言うのでは、その後の寝室事情が一変します。妻に「変態！」と一刀両断にされた夫は、傷つき、そして「じゃあ、こっそりイメクラに行ってやる」と開き直ります。たとえ夫婦のセックスがその後も継続されたとしても、それはもはや義務的なものにすぎません。「変態！」と拒絶することは、夫を立てるのと逆のことをしたということです。妻の役目を果たさなかった報いは、その後のセックスに如実に現れるのです。

ピンクローターなどアダルトグッズの導入は、夫婦が性コミュニケーションをとるための一つのきっかけづくりとしても有効です。

「産後に緩くなる」なんて大ウソ

「出産後、夫から、『緩くて気持ち良くない』と言われました」

大仕事を終えた妻に向かって、こんな無神経な言葉を平気で吐く夫のデリカシーのなさには呆れてものも言えませんが、実際問題として、産後の膣の緩みに悩む妻たちは相当数いらっしゃいます。携帯公式サイトには、10代の妻たちから、産後に「『緩い』と言われた」との相談が寄せられます。

そもそも、膣の締まりがいいとか悪いという差異は、本当に存在しているのでしょうか？

私は非常に懐疑的です。男性はとかく女性の膣の締まり具合にこだわります。「締まりが良くて最高」とか、「ガバガバで気持ち良くない」などと、訳知り顔で言う男性は少なくありません。でも私はそういう男性に、あなたはいったいどれほど豊富な女性経験の持ち主なのですか？　とおたずねしたい。50人の経験があるというなら、では、あなたがガバガバという奥さんの膣の締まり具合は、50人中何番目だとハッキリ言えるのですか？　と。

私は、仕事がら一般の女性たちよりも、性に関する書物や研究書を読む機会に恵まれていますが、私の知る限り、「出産前と出産後の女性の膣圧の変化に関する論文」など、目にしたこともありません。恐らくそんなものは世の中に存在しないでしょう。誤解を恐れずに言えば、性科学（セクソロジー）というジャンルは、非常に遅れた学問です。何より、研究者が少ない。性に対する関心の深い医師がまったくいないわけではありませんが、性の研究などをすると、「なんてバカなヤツだ」と、派閥や会派からつまはじきにされるという閉鎖的な現実があります。研究したくても、研究に協力してくれる被験者が少ないというのも、学問として致命的なハンディキャップです。「人類の明るい未来のために、膣圧を測らせてください」と頼まれても、なかなかOKを出せる女性はいません。こうした現状に、タブー意識と損得勘定などが幾重にも折り重なって、性科学は遅々として進まないのです。

産後の膣の緩みの問題は、限りなく都市伝説に近いものだと私は考えています。男性は、マスターベーションのときにペニスを手で握り、摩擦を加えますが、強いグリップに慣れてしまうと、強い摩擦でしか射精のスイッチが入らなくなってしまうことがあります。刺激によってペニスの感受性が鈍麻した男性が、その物足りなさを、「緩い」という日本語に換言しているのではないかという推測は、それほど的外れなものではないでしょう。また、性的に成熟した女性ならば実体験としてご存じかと思いますが、女性は感じはじめると、自分の意志とは無関係に膣が収縮してきて、ペニスを締めつけます。本当に気持ち良くなったときだけに起きる下半身の小刻みな痙攣《けいれん》もペニスを絶妙に刺激するでしょう。本気で感じはじめたときの女性の膣は、誰もが名器なのです。この女性の神秘のメカニズムを知らずして、「膣が緩い」などというのは、女性を本気で感じさせるテクニックを持ち合わせていない男性の、負け犬の遠吠えにすぎません。

端的に言えば、産後の膣の緩みとは、男性の名器幻想からスピンアウトした実態のないストーリーです。だから女性の皆さん安心してください、と簡単にはいかないところが、セックスの難しさです。セックスのトラブルは夫婦が手を取り合って乗り越えて行かなければなりません。言われなき都市伝説に振り回されないためにも、妻たちも、もっと性に対する知識をたくわえて賢くなる必要があります。

冒頭の奥さんは、夫から酷い言葉を浴びせられたにもかかわらず、夫に尽くしました。

「膣で満足させてあげられないのなら、別のことで満足させてあげようと、一所懸命にフェラチオをしてあげました。主人の喜ぶ顔を見ていると、私もある程度の満足感を得られることができます。そうして夫に優しく接していると、『ごめんね、僕だけ気持ち良くなって』と優しい言葉をかけてくれるようになりました。今は、前のようにセックスできるように、毎日、膣の引き締め体操をがんばっています」

妻の鑑《かがみ》です。夫の心ない言葉に反発するのではなく、けなげさで返す従順性。この従順性がある限り、彼女は決してモンスターワイフにはならないでしょう。もちろん、彼女のこうした態度には、生来の性格が大きく反映されています。けれども、「私は、あんな酷いことを言われて黙ってるなんてできない」という妻こそ、彼女が示した一つの正解から、何かを学ばなければいけません。たしかに、人間の性格や気質はなかなか変えられるものではありません。それでも、自分の性格や気質を自分で知ることはできるはずです。そして自分の性格的弱点を前もって知っていれば、回避できる衝突もたくさんあるのです。

閑話休題。彼女のコメントの中に、〝膣の引き締め体操〟という言葉がありました。産後の膣の緩みが、都市伝説だとしても、妻自身が自信を取り戻すための手段として、膣の引き締め体操は有効です。

ここでは、代表的な〝ケーゲル体操〟をご紹介します。本来、ケーゲル体操は、産後の尿漏れ予防のために開発されたのですが、骨盤底筋（膣周辺の筋肉）の強化に優れたエクササイズとして知られています。基本的な動作は、骨盤底筋を「締めて緩める」の繰り返しです。骨盤底筋を「締める」感覚をつかむためは、オシッコを途中で止めるのが、有効です。オシッコの途中でお尻の穴をキュッと締めるようなイメージで、4～5回止めてみましょう。感覚がつかめたら、「締めて緩める」をリズミカルに10回繰り返します。10回がワンセットで、最初は1日4セットを目標に行います。テレビを観ながらでも構いません。慣れてきたら、ワンセットの回数を15回に増やします。さらに慣れてきたら、今度は、締める時間を長くします。できれば5秒以上締め続けられるようになりましょう。

このケーゲル体操は、骨盤底筋の緩みを改善するだけでなく、性的感受性のアップにも効果があります。私が監修したＤＶＤ「となりの寝室事情」では実演指導をしています。ぜひ、お試しください。

夫は褒めて勃たせる

褒め上手な夫も少ないのですが、褒め上手な妻も同じくらい少ないような気がします。相談所にメールを送ってくれる妻たちも、とにかく夫を責めまくります。妖怪・責めだるまが手ぐすね引いて待っていると思えば、夫も家に帰りたくなくなって当然でしょう。褒められてイヤな思いをする人はいません。誰でも褒められるのが好きです。みんな心の中では、「私をもっと褒めて」と思っている。自分がして欲しいことは、相手もして欲しいことです。だけれども、妻は夫を褒めない。「褒められるようなことを夫がしないからよ」と妻は言います。本当にそうでしょうか？　妻が夫を褒めないのは、最初から褒める気がないからです。褒めるのが上手か下手かなど、実はそんなに関係ないのです。肝心なのは、褒める気があるかないかです。夫を褒めることができない妻とは、結局のところ、「褒められれば人間は伸びる」ということが、本当のところでわかっていないのです。認識力の問題です。

サラリーマンの夫なら、毎月一度お給料日があります。昔は夫が給料袋を持ち帰ってきました。給料袋を夫から手渡されれば、自然と妻の口から「いつもありがとう。毎日お仕事ご苦労様です」という感謝と労《ねぎら》いの言葉が出ました。それが夫の喜びであり励みにもなっていました。しかし、今は、お給料はどこも銀行振り込みです。だから、妻の方も、夫が稼ぐお金のありがたみが、実感として希薄になってきている。けれども、夫が家族のために働いているという事実は、今も昔も変わりがありません。そこを妻たちは忘れてはいけません。たとえ給料袋を手渡されなくとも、月に一度の給料日くらいは、夫に感謝の意を示しましょう。特別なことをする必要はありません。夕ご飯のおかずが、普段よりも一品多いだけでも、「ありがとう」の言葉が添えられていれば、妻の気持ちはちゃんと夫に伝わります。それが、夫婦の愛です。

お給料にまつわる、ちょっといい話を紹介します。夫は40代前半の自営業。妻は30代半ばの専業主婦のご夫婦です。お給料はすべて夫の方が管理しています。夫が給料の中から、家賃、光熱費、税金などの生活費をすべて払い、妻には〝食費＋お小遣い〟を毎月決まった額だけ渡すというスタイル。妻が夫のお給料を管理して、夫はお小遣い制という一般的なスタイルとまったく逆。妻の方に「お給料を全部夫に管理されているのに不満はないの？」と聞くと、彼女は「ぜんぜんないですよ」と即答。その理由は次のようなものでした。「夫はいつも私にこう言ってくれるんです。『キミが家のことを一所懸命やって支えてくれているから僕は仕事をがんばれる。だから、給料の半分はキミのものなんだから、必要なことがあったらいつでも相談してね』って」。三つ星級のダンナ様です。こんな素敵な考え方のできる夫ばかりなら、世の妻たちがモンスターワイフに変身してしまうこともないでしょう。この話には続きがあります。それは、このダンナ様は、とても褒め上手だということです。「とにかく彼はいっぱい褒めてくれるんです。おかずの品数だけ『美味しい』って言ってくれるし、ただ美味しいだけじゃなくて、『この料理なら一流レストランに出しても恥ずかしくないよ』とか、顔が赤くなっちゃうほど褒めてくれます。それに顔を見るたびに『可愛い』って言ってくれる。ちょっと気になるお腹のお肉も、『このプニョプニョがたまんないんだよ』って言ってくれる。結婚した頃は、どうせ最初のウチだけだろうと思っていたんですが、結婚6年目、子どもを3人産んだ今も、まったく彼の態度は変わらないんです。実は、私は彼とは逆で、人を褒めるのがすごく苦手だったんですね。でも、彼に褒められることで、少しずつ変わってきた自分に気がついて、今は、私も彼のように褒め上手になれるようにがんばっています。褒められるって単純に嬉しいんですよ」

これまで私は、夫を変えようとするのではなく、妻自身が変わる努力をしなければならないと、発信し続けてきましたが、妻の傲慢ではなく、妻の行動によって夫を変えられる唯一の方法が、夫を褒めるということです。本当に些細なことでいいのです。先のダンナ様にしても、純愛小説のセリフに出てきそうな名文句を並べ立てているわけではありません。逆に気取らない手づくりの言葉だからこそ、優しさと思いやりを見つけることができます。きっと彼は、これまでの人生経験の中で、人を褒めることが相手に好影響を及ぼし、その好影響が巡り巡って自分に返ってくるという好循環に気がついたのでしょう。

あくまでも私の想像ですが、セックスレスや妻だけEDに悩む妻たちは、「夫は褒めて勃たせる」という妻の知恵を心得ていないのではないでしょうか？　悩める妻たちは、「夫が何をして欲しいのかわからない」と言いますが、世の多くの夫たちが求めているのは、妻に褒めてもらうことです。「あなた、スゴイわ！」。このひと言を待っているのです。ベッドの上は、絶好の褒めタイミングです。夫のペニスを褒めてあげましょう。「すごい、大きい！」「すっごく硬い」「ああすごい、メッチャクチャ感じちゃう」。できれば事実を褒めてあげるのがベストですが、嘘も方便。褒める気になれば、なんでも褒められます。そして肝心なことは、「褒め続ける」ことです。中途半端が一番良くありません。一度褒めると決めたら、徹底して褒め続けましょう。死ぬまで褒め続けるくらいの覚悟がなければなりません。覚悟が決まれば実践あるのみ。褒めるテクニックなど後からいくらでもついてきます。

私がこれほどまでに夫を褒めましょうというのは、妻たちに、夫を褒めることの効果を、実感して欲しいからです。夫を褒めるためには、夫を注意深く観察しなければなりません。夫婦仲がうまくいかないケースの多くは、相手を見ているようで実はぜんぜん見ていないことが発端です。「夫を褒める」という方法は、その過程の中にも、夫婦仲改善のさまざまな可能性を提示しているのです。

ED治療薬より効く「言葉のお薬」

器質性のEDに、バイアグラ、レビトラ、シアリスなどのお薬は、非常に優れた効果を発揮します。けれども、これらのお薬には、誤解がいっぱいあります。EDによるセックスレスを乗り越えるために、妻は正しい知識を身につけなければなりません。

　一番多い誤解は、「ＥＤ治療薬を飲めばすぐに勃起する」というものです。これは本当にそう思われている人が多いのですが、どんなに薬を飲んでも、性的な興奮がなければ、いつまで待ってもペニスは勃起しません。興奮して、ペニスに血液が送り込まれて初めて、薬はその効果を発揮するのです。簡単に言えば、薬を飲んでも、夫が妻に欲情しなければ、何の意味もないということです。

　ＥＤ治療薬の処方で、久しぶりにセックスができたという妻から、こんなメールが届きました。

「嫌がる夫が、やっと薬を飲んでくれて、３年ぶりにセックスできました。でも、ＥＤ治療薬って、ただ勃つだけなんですね。夫は元々早漏気味だったのですが、薬を飲んでも早漏は３年前とちっとも変わっていなくて、入れてすぐに終わってしまいました。ＥＤ治療薬ってもっとすごい薬だと思っていたので、がっかりです」

　彼女は、いったいどんな期待をしていたのでしょうか？　ＥＤ治療薬は男性を絶倫にする薬ではありません。勃起の手助けをしてくれる薬です。本来であれば、薬を飲んでまでセックスしてくれた夫に感謝状を渡すべきです。

　セックスレスに悩む妻たちは、誰もが「愛する夫に抱かれたい」「夫の愛を感じたい」と、訴えます。けれども、彼女たちの話を聞いていて気がつくことは、これまで自分がしてきた努力や、夫婦のストーリーを〝愛〟という言葉で飾る一方で、彼女たちが男性以上に、〝挿入〟に執着しているということです。

「なんで勃たないの？　もう愛してないから？」

愛という単語がふんだんにちりばめられた夫婦の軌跡は、途中から、夫のペニスの硬度や持続力の話になっていくのです。言うまでもなく、愛とセックスは密接に関係しています。このことは紛れもない事実です。しかしながら、愛とセックスは、まったく別モノでもあるのです。この点をはき違えてはいけません。

愛の形が変わったときは

本書の執筆にあたり、私は自称妻だけＥＤの男性50人以上から話を聞きました。「もう妻を愛していない」と答えた男性は、わずか４人でした。それ以外のほとんどの男性が、「妻を愛している」と答えました。彼らは妻を抱かなくなった今でも、ちゃんと妻を愛しているのです。愛があるのになぜ妻を抱かない（抱けない）のか？　彼らは「愛の種類が変わったから」と説明します。つまり、妻だけＥＤの夫たちの愛は、〝性愛〟から〝家族愛〟にシフトしていたのです。彼らは、妻から「もう愛してないの？」と詰問されても、「そんなことはないよ、愛してる」としか答えようがない。まさか「もう性的対象ではなくなった」などとは口が裂けても言えません。妻と夫の愛の認識の乖離《かいり》が、妻たちに「愛してるのに、なんで抱いてくれないの?」「愛してるなんてウソでしょ!」という言葉を吐かせるのです。

セックスレスの改善は非常に難しい問題です。一発で解決するような手品のような方策は存在しません。唯一の光があるとすれば、性愛↓家族愛と、愛の種類こそ違えど、多くの夫たちの心の中には、まだ愛の火種は残っているということです。愛の火種が残ってさえいれば、性愛を再生することは可能です。

私がセックスレスに悩む妻たちに、いつも投げかけているのは、「焦らないで」という言葉です。「なんで勃たないの!」と夫を責めては絶対にいけません。先に、セックスレスに悩む妻ほど、挿入にこだわっていると書きましたが、私がそんな彼女たちにアドバイスしているのは、「挿入を求めない」ということです。男性の下半身は、女性が思う以上に繊細でデリケートです。「北風と太陽」という話がありますが、妻の発する「なんで勃たないの?」「病院で診てもらってよ」「バイアグラを飲んでみたら?」という言葉は、夫にとって北風以外の何物でもないのです。夫の下半身事情の改善には、こだわりの食材を使った手料理も、一つの方法ではありますが、ネバネバ系の食材で埋め尽くされた食卓は、無言のプレッシャーという逆効果になってしまうこともあります。

セックスレスの克服には、夫にプレッシャーを与えない〝太陽作戦〟しかありません。その大前提が、「挿入を求めない」ということです。「一緒に横で手をつないで寝てくれるだけでいいから」と、夫との触れ合いを求めていることをアピールして、スキンシップを再開させましょう。スキンシップに成功したら、次は軽めのハグをしてもらうようにする。

多くの妻たちが、なんとか夫を勃たせようと腐心して、ほとんどが自滅してしまうのは、まずエロスありきでスタートするからです。性的対象ではなくなった妻が、スケスケの黒のネグリジェや全裸で待ち構えていたり、なんとか勃起させようと、肉食獣のようなフェラチオで挑んでくることは、夫にとってはモンスターに襲われているようなものです。言葉は悪いかもしれませんが、恐怖、ホラーなのです。エロス路線では、スタートラインにも立てないと心得てください。エロスではなく、愛情からスタートするのです。ソフトで控えめなスキンシップで、愛情を確認し合うことからはじめましょう。夫があなたの提案を受け入れてくれるようになったら第2段階です。衣服の上からペニスを触ってあげましょう。「あなたのペニスを触りたいの。お願い。いい？」と、控えめに甘えるようにお願いします。夫が「いいよ」とOKをくれたら、「嬉しい！」「あなたのペニスに触っているだけで安心できるの」と素直に喜びを表現しましょう。このときの最大のポイントは、絶対に「勃たせよう」などと思わないことです。強い愛撫など論外。〝癒し〟を念頭において、そーっと優しく触れてあげましょう。意外と知らない女性も多いのですが、ペニスは小さいときの状態でも、触られると気持ちいいものです。勃起しなくても焦ってはいけません。私を信じて、以上の方法を、根気よく続けてください。やがて、ムクムクッと大きくなる日がやってきます。そのときこそ、〝褒めタイミング〟です。「わー、すごい！」と、元気になったペニスを褒めましょう。褒められることで、男の自信が復活します。しかし、ここからが肝心です。夫のペニスが大きくなったからといって、すぐに挿入を求めてはいけません。このときこそ、愛とセックスは別モノであることを思い出しましょう。刺激による条件反射で勃起しただけかもしれないからです。ペニスが勃起したことを理由に妻が挿入を求め、また夫もその要求に応じたとしても、そのセックスは夫にとって義務的な色合いの濃いものです。肝心なことは、夫が挿入を求めてくるまで、焦らずに待つことなのです。夫が男としての自信を回復し、妻に対して攻撃的になったときはじめて、夫婦のセックスは再生の道を歩みはじめるのです。

第3段階では、「ねぇ、お口でしてあげたいの。いい？」と、フェラチオを懇願しましょう。「あなたを気持ち良くさせてあげたいの」と、いじらしさと従順性を全面に出します。「お願い」「嬉しい」「ありがとう」「すごい！」。この4つは、ときにバイアグラよりも夫の下半身を蘇らせてくれる、言葉のお薬です。時間はかかるかもしれません。それでも、夫の方から触ってきてくれるようになるまで、たゆみなく夫に投与してあげましょう。夫の目に映る妻の姿が、モンスターの化身から女神に変わるその日まで。

夫は妻の笑顔を待っている

夫に対して〝癒し〟の意識を持つことの大切さをお話ししてきました。これまで、癒しのことなど考えもしなかった妻にとっては、夫を癒すのがとても難しいことに思えるかもしれませんが、まったく難しいことではありません。

なぜなら、夫にとって最高の癒しは、妻の〝笑顔〟なのです。仕事を終えて夫が帰宅する。そのとき、妻が笑顔で出迎えてくれる。これほど夫が、妻や家族のありがたみを感じられる瞬間はないでしょう。いつもニコニコと笑顔でいてくれる妻と、いつも眉間にしわを寄せて、何かと言えば小言を言う妻とでは、家の雰囲気がぜんぜん違います。

いつも笑顔で夫を支えてくれる従順で清楚な妻が、ベッドの上ではフシダラに淫らに、そしてときに攻撃的に乱れてくれる。官能小説にありがちな安っぽい設定と笑わないでください。これが世の夫たちが思い描く妻の理想像なのです。

「理想と現実は違うわよ」とあなたは言うかもしれない。たしかに理想と現実は、まったく違います。なかなか思うようにいかないのが現実です。努力が報われないことだって、当たり前のようにあります。理想の男性だと思って結婚してみたら、ぜんぜん理想とは違うダメ男だったというケースもあるでしょう。しかし、それでも、夫の理想に近づけようと努力することが大切なのです。あわただしい日常生活に振り回され、理想を放棄してしまったとき、妻のモンスター化はスタートすると言っても決して言いすぎではないでしょう。

妻が、笑顔さえ忘れなければ、妥協して選んだ男性が、AAA《トリプルエー》の優秀夫に化けることだってあるのです。それが笑顔の力です。

心掛け次第で、笑顔は今すぐつくれます。言うは易《やす》し、行うは難《かた》し。どんなときもニコニコと笑っていることは、そんなに簡単なことではありません。だから、努力しなければいけないのです。報われない努力もありますが、努力しなければ報われることもないのです。

まずは、自分がどれくらい夫に対して笑顔で接しているか自己点検してみてください。少ないと思ったら、少しずつでいいから笑顔を増やしていきましょう。

愛が感じられないとき、幸せが感じられないとき、多くの人は、誰でもいいから愛をちょうだい、幸せをちょうだいと思います。それは自然な感情かもしれませんが、夫から愛や幸せを与えてもらうことだけを要求するのではなく、自分は夫にどれほど愛と幸せを与えてあげているかを、本当は考えなければいけないのです。

今の世の中、社会的状況を考えれば、笑ってなどいられないことの方が多いかもしれません。だからこそ、せめて家の中だけは、妻の笑顔で明るくしましょうよ。

夫は妻の笑顔を待っています。

あとがき

本書を通じて、私が妻たちに伝えたかったことは、本当の幸せをつかみたいのであれば、今の不満を夫のせいにしないで、まず妻自身が変わろうと努力しなければならないということです。自分の妻としてのいたらなさを棚上げして、夫を自分の都合のいいように変えようとするのは、その時点ですでにモンスター的な傲慢な発想だと言えるでしょう。愛し合って結婚した二人が、「どっちが悪い」などと犯人探しをすることには何の意味もありません。妻であれ夫であれ、「このままじゃダメだ」と気づいた方が率先してチャレンジをはじめればいいだけなのです。いいえ、それしかないと言った方がいいのかもしれません。

私はこれまでに、何度となく〝自分を知る〟ことの大切さを訴えてきました。自分を知るには大きく分けて二つの方法があります。一つは、冷静になって自己分析してみること。二つ目は、夫の意見を素直に聞くということです。これは本当なら妻として当たり前のことです。けれども、〝素直に聞く〟ことが、簡単そうでなかなかできない妻がとても多いのです。夫から「そういうところを、直した方がいいんじゃない」なんて言われようものなら、

「そんなこと言われなくてもわかっているわよ」と腹を立てたり、「そっちこそ直して欲しいところがいっぱいあるんですけど」と反撃に出たりする。私もよく反撃します。もしも、思い当たるところがあれば、「素直になれないところが、ちょっとモンスター的かも？」と、立ち止まって考えて欲しいのです。幸せを感じられない妻は、自己中心的になりがちです。〝可哀想で不幸な私〟が、頭の中で主人公になってしまうと、どうしても周りが見えなくなってしまう。そしてすぐに、「こんなに私はがんばっているのに、どうして夫は何も気づいてくれないの？」と思う。けれども、ひょっとすると、妻の方こそ、夫の出しているサインを見落としているかもしれないのです。

今回は、「妻が変わる」というテーマがぼやけないように、意識的に夫サイドの問題点には触れないようにしてきました。けれど、皆さんお気づきのとおり、世の中にはモンスターワイフに負けないくらいモンスターハズバンドもわんさかいます。本書の文章の中には、妻と夫を入れ替えるだけで、夫の胸にグサグサ突き刺さる箇所も、たくさんあるはずです。女性としての本音を言わせてもらえば、できれば夫の方が先に夫婦の異変に気づいて、頼りがいのある夫として軌道修正しながら、妻を幸せに導いてもらえたらなと思います。夫がそうしてくれさえすれば、妻はモンスター化しなくて済みますから。

でも注文どおりにいかないのが現実。

さて、筆者の再婚後の現実は？　元モンスターワイフの私がどう変わったのか気になりますよね。実は、恥ずかしながら、そんなに変わっていません。私が飼っているモンスターたちは、相当にタチが悪いらしく、気をつけているつもりでも、ちょこちょこと顔をのぞかせます。顔どころか体が半分以上出てくるときもあります。もう反省しきりの毎日です。それでも、離婚してからずいぶん長い期間、結婚に幻滅していた私が、今は「結婚っていいかも」と思える。それは、昔の私と今の私とでは、決定的な違いがあるからです。何か？　自分がモンスターワイフであるという自覚がちゃんとあるということです。モンスターたちを消し去るにはまだまだ時間がかかりそうですが、この自覚さえあれば、「あ、ヤバイ、気をつけなきゃ」と、水際でモンスターを抑え込むことができるのです。このワザを、是非とも、日本中の妻たちに身に付けてもらいたいのです。

何もかもがパーフェクトな人などいないように、パーフェクトな夫婦関係もありません。未完成だから、理想を追いかける楽しみもある。そう思うと、それまではただ嫌いでしかなかった自分の未熟さも、なんだかちょっと愛《いと》しく思えたりします。

２００８年11月

二松まゆみ

恋人・夫婦仲相談所について

恋人・夫婦仲相談所では、夫婦仲に悩む主婦会員1万2000名を集め、夫婦仲を真剣に考えるコミュニティを運営しております。主婦の皆さま、これから結婚をする未婚女子の皆さまと一緒に「結婚・夫婦仲・寝室問題」をテーマに考えていきたいと思っております。

当相談所は、メールマガジン先行で開設しました。夫や独身の方々もたくさん、ご登録いただいております。「妻にわからぬダンナの胸の内」「ダンナに理解できぬ妻の心中」「今のカレと結婚していいの？」など、さまざまな疑問をコッソリ解決していきましょう。

人気マガジン「となりの寝室事情・うちの寝室事情」
http://www.mag2.com/m/0000111666.htm

二松まゆみ

奈良教育大学卒業後、英語教師になる。結婚、出産後、全国規模の主婦サークルを結成。女性起業家コンテストに合格し、4万人の主婦を母体にしたマーケティングリサーチ・主婦向けWEB運営の株式会社エムネットジャパンを設立。離婚、再婚後の2003年より、夫婦仲・結婚を真剣に考えるコミュニティ「恋人・夫婦仲相談所」を開始。1万2000人を超える会員を集める。理想の結婚からセックスレス、EDまで多くの相談にのり、悩める主婦を支える活動をしている。2008年から携帯公式サイト、対面相談サロンを開始。夫婦仲の専門家として活動の幅を広げている。日本性科学会会員。ED診療ガイドライン作成委員。

著書には『抱かない男の見分け方』(スターツ出版)、『夫婦仲がよくなるちょっとした習慣』(中経の文庫)、『となりの寝室』(講談社)、夫婦仲&セックスレス改善DVD『となりの寝室事情①～③』がある。
●恋人・夫婦仲相談所 http://suzune.net/

講談社+α《プラスアルファ》新書 426-1 A

モンスターワイフ
幸せなふりはもうしない

二松《ふたまつ》まゆみ

2008年11月20日第1刷発行

発行者——— 野間佐和子
発行所——— 株式会社 講談社
東京都文京区音羽2-12-21 〒112-8001
電話 出版部(03)5395-3528
販売部(03)5395-5817
業務部(03)5395-3615
装画——— 小迎裕美子
デザイン——— 鈴木成一デザイン室
カバー印刷——— 共同印刷株式会社
印刷——— 慶昌堂印刷株式会社
製本——— 株式会社若林製本工場
本文データ制作——— 朝日メディアインターナショナル株式会社

落丁本・乱丁本は購入書店名を明記のうえ、小社業務部あてにお送りください。

送料は小社負担にてお取り替えします。

なお、この本の内容についてのお問い合わせは生活文化局Cあてにお願いいたします。

Printed in Japan ISBN978-4-06-272537-8 定価はカバーに表示してあります。